CHARLES PÉRON

LE

PACTE SOCIAL

TRAITÉ DE QUESTIONS
INTÉRESSANTES ET PEU CONNUES

Causes de la cherté des vivres
Et de la dépopulation de la France

PRIX : **1** FR. **50**

TOURS

IMPRIMERIE E. ARRAULT ET Cⁱᵉ

6, RUE DE LA PRÉFECTURE, 6

—

1911

LE PACTE SOCIAL

TRAITÉ DE QUESTIONS INTÉRESSANTES ET PEU CONNUES

Causes de la cherté des vivres
Et de la dépopulation de la France.

LE
PACTE SOCIAL

ÉTUDE

SUR LA RÉPARTITION DES CHARGES
DES IMPOTS

*Comment le Budget d'État, voté à quatre milliards,
est soldé par les Contribuables
par plus de six milliards!!..*

**Et de même pour les Budgets
des départements**

———————

TOURS
IMPRIMERIE E. ARRAULT ET Cie
6, RUE DE LA PRÉFECTURE, 6

—

1911

LE PACTE SOCIAL

I

La république des abeilles.

Pourquoi faut-il que la majorité des hommes ignore ou connaisse aussi mal l'explication vraie de ce que nous appelons le pacte social !

Qu'est-ce qu'un pacte social ?... C'est une convention intervenue ou naturelle et acceptée par un certain nombre de gens qui, y ayant adhéré, promettent de la faire respecter en la respectant eux-mêmes dans toute sa teneur et ses conséquences...

Qu'est-ce qu'une république vraie dans tout le sens du mot ?...

Elle ne devrait être qu'une association de tous ses membres travaillant mutuellement dans l'intérêt commun de la société, sans distinction de castre ou de rang, produisant au profit de la masse commune suivant ses aptitudes, puissance intellectuelle et physique.

Le plus bel exemple que l'on puisse trouver est assurément celui des abeilles ! Là, la république est parfaite. Chaque sujet jouit des mêmes faveurs ; le droit à la vie aussi large pour les unes que pour les autres. Tous les sujets collaborent aussi au bien-être général dans toute la mesure de leurs moyens. Chez elles, pas de paresseux ni de bouches inutiles, tout sujet improductif est immédiatement banni de la société !

La richesse et l'activité marchent toujours de pair ! Loin de nous imiter, quand il y a abondance de bien, de s'endormir sur son bien acquis, et de jouir du repos qu'il pourrait procurer, c'est le contraire qui a lieu : s'il y a abondance, la famille se multiplie dans les mêmes proportions, sachant que le nombre et l'union font la force, et la division, la faiblesse et la ruine...

Dans une famille d'abeilles, le nombre n'est limité que par l'espace de l'habitation. S'il y a abondance de provisions, la mère, appelée très improprement *Reine*, va pondre des œufs avec abondance jusqu'à ce que l'habitation soit comble... et déborde. Alors, à ce moment, il y aura lieu de former une nouvelle famille. Une mère va être formée, qui deviendra le centre de cette nouvelle république ; l'autre devra alors quitter l'habitation maternelle pour chercher une autre résidence...

C'est la vieille mère qui partira, emmenant avec elle la majeure partie des jeunes sujets. Et laissera à la jeune mère inexpérimentée le produit de tout son travail et la sécurité d'une habitation connue, constituée et bien approvisionnée.

Est-ce cela que nous faisons, nous, dans notre République ?... Non, c'est tout le contraire qui a lieu. Plus il y a abondance dans une famille, plus le père de famille rêve d'en restreindre le nombre ! Pour cette raison qu'il est d'usage d'agir en égoïste, et qu'au lieu de travailler au bien-être de tous et à la fortune de la République, on rêve d'omnipotence qui découle de l'importance du capital mis à la disposition d'un seul, sachant qu'il est un levier auquel rien ne résiste, et avec lequel on peut soulever le monde...

Et toutes nos lois républicaines sont faites pour favoriser le moyen d'arriver à ce résultat, qui est absolument contraire au sens du mot république, qui veut dire gouvernement de tous et au profit de tous. C'est le pacte social inscrit, en résumé, en tête des actes civils et des monuments publics, mais dont nos lois permettent la pratique absolument contraire!

Dans la république des abeilles, il ne faut pas de bouches inutiles, avons-nous dit. Les mâles, appelés aussi faux-bourdons, d'autres disent frelons, n'existent que pendant trois mois de l'année environ ; c'est le temps où ils peuvent être utilisés pour la fécondation d'une mère, les abeilles ouvrières étant neutres. Mais, comme ils ne produisent rien, la nature les ayant faits pour vivre seulement du produit du travail des butineuses, ils n'ont pas d'organes pour puiser le miel dans le calice des fleurs, vont semblables à ceux qui, de nous, sont nés dans un lit de roses, à qui on a appris seulement à mettre des gants et à porter une canne, n'ont qu'à jouir tout le jour des douceurs de tout ce qui peut leur être agréable, et rentrer à la ruche pour y prendre leur nourriture dans les alvéoles parfumées, et se reposer dans la douce chaleur produite par l'accumulation des travailleuses qui, esclaves du devoir, entretiennent cette douce température, indispensable à l'incubation des œufs, et à l'assainissement, par une ventilation continuelle produite par le battement de leurs ailes.

C'est de ces derniers, les frelons, que l'on peut dire : Vie courte et bonne ! Car, arrivant l'époque de la rareté des fleurs mellifères, quoique le magasin de miel soit plein, les abeilles butineuses rentrant avec une demi-provision, semblent dire alors : plus de bouches inutiles, maintenant suppression de tout ce qui ne produit pas !... Alors, les faux-bourdons pourront sortir librement encore, l'estomac bien garni de miel. Mais, à la rentrée, ils trouveront des factionnaires impitoyables, qui leur fermeront l'entrée de la ruche et les forceront à mourir de faim et de froid, tous, jusqu'au dernier...

. . . .

Dans notre société républicaine d'êtres. proclamés supérieurs, le pacte social devrait être tout au moins le même que dans la ré-publique des abeilles et observé avec la même rigidité ! C'est absolument tout le contraire qui a lieu. Mais la raison est celle-ci : c'est qu'au lieu que ce soient les abeilles travailleuses qui fassent les lois, ce sont les faux-bourdons qui les font et qui, naturellement, les font à leur seul profit !

De là cette anomalie bizarre : que ce sont ceux qui ne travaillent pas qui accumulent le miel, ou plutôt les grosses fortunes, quand on sait que le travail seul peut les produire !..

Alors, d'où proviennent-elles, ces grosses fortunes? De l'exploitation ou du vol? Incontestablement... Et nous ne saurions dire lequel des deux est le plus répréhensible du vol ou de l'exploitation, puisque tous les deux s'exercent en dehors de toute légalité (au point de vue égalité, s'entend). Le vol nous dépouille de notre avoir par la force ou à notre insu. L'exploitation plus audacieuse et plus terrible encore, nous oblige à travailler, à suer sang et eau, non seulement dans le but de s'emparer du meilleur du miel que nous butinons chaque jour pour s'en nourrir grassement, mais encore du magasin que, comme l'abeille nous aurions pu constituer, pendant la bonne saison, afin de ne pas mourir de faim l'hiver, qui est, pour nous, la vieillesse... Mais plus encore, ne nous a pas laissé de ce miel, que nous avons butiné avec tant de peine, de quoi nous satisfaire pendant la bonne saison. Tout en faisant les plus grands efforts, et s'imposant de grandes privations, nous arrivons avec beaucoup de peine à subvenir aux besoins de la vie pour nous et notre famille, tant nous sommes sangsurés et pressurés par des moyens indirects et presque inconnus.

L'abeille ne se laisse exploiter ni voler. Et nous, êtres raisonnables et raisonnants, nous

ne savons pas nous défendre des faux-bourdons qui se nourrissent et se gorgent du produit de notre travail.

Nous faisons plus : par la politique, nous
leur construisons de magnifiques ruches que
nous approvisionnons tous les jours du miel
le plus frais et le plus pur, tandis qu'ils vont,
voltigeant au-dessus de nos têtes, à la recherche de plaisirs toujours nouveaux, dont nous
nous faisons encore, souvent, les naïfs pour-
voyeurs.

. . . .

II

La politique est la cause de la misère du peuple.

Pourquoi cette inégalité? Et pourquoi toutes les faveurs de nos lois pour ceux qui sont
le petit nombre?...

C'est de l'organisation sociale d'où nous
vient tout le mal!...

Et pourtant, nous sommes plus de trente
contre un!...

Pourquoi encore trente individus, dont la
masse d'intelligence, quoique insuffisamment
développée, mais réunie, qui devrait être grou-
pée dans un même but d'intérêts, se laissent-
ils exploiter de la sorte?...

Nous ne faisons pas même rentrer en ligne
de compte la force physique dont disposent
trente individus contre un, pour cette raison
qu'elle est hors de toutes proportions et que
nous ne faisons nullement appel à l'action

par la force brutale que nous bannissons
même de nos moyens d'action.

Mais, est-il possible, quand on réfléchit un
tant soi peu, d'accepter pareil état de choses?
Que plus de trente individus doués d'intelligence ne puissent s'entendre pour se défendre
de l'exploitation aussi grossièrement appa-
rente, contre un seul?...

. . . .

Nous voulons travailler par tous les moyens
à notre disposition pour ouvrir les yeux de
nos malheureux confrères en souffrance, pour
qu'ils voient clairement cette injustice flagrante et les pièges grossiers qui leur sont
tendus tous les jours par la politique, et dans
lesquels ils donnent tête baissée et les yeux
fermés, afin qu'ils appuient par tous les
moyens en leur pouvoir les revendications
que nous nous proposons de leur signaler,
pour être le début d'une amélioration dont
ils auront par d'autres moyens à poursuivre
la réalisation complète par la suite.

Une œuvre grandiose, comme celle que
nous rêvons, ne se réalise pas d'un seul coup.
Commençons par la base pour édifier solidement; le couronnement de l'édifice viendra
en son temps.

Travaillons d'abord à donner à la généra-
tion actuelle un peu de bien-être ; demander

trop à la fois expose à ne rien obtenir !... Il
faut donc démolir pierre à pierre et réédifier
de même, afin de faire bien et solidement.

Nous savons qu'il y a un facteur important,
quant à présent indispensable, qu'il faut faire
rentrer en ligne de compte, qui est le capital
qui, avec le temps et le progrès que nous appelons, cessera d'être, parce que la répartition des charges mieux établies amènera un
peu d'équilibre par la division de ce capital
qui se fera forcément, le point central qu'il
forme comme attraction, grâce à notre organisation actuelle, étant rompu, puisque, actuellement, toute l'organisation des charges
contributives tend à grossir la fortune de celui qui en possède déjà, suivant que nous le
démontrerons par la suite.

Nous admettons aussi un autre facteur qui
a une valeur dans certaines entreprises bien
considérables : c'est l'intelligence supérieure
de certains individus.

En admettant ces facteurs puissants et indispensables au développement de l'industrie,
des arts et du commerce, nous admettons
aussi une part très large aux titulaires de ces
facteurs, part bénéficiaire, bien entendu, ce
qui établira, nous en convenons, toujours
des différences considérables dans la fortune
mais entre fortune et aisance de vivre large-

ment en travaillant, ce qui doit être le droit
de tous, depuis le plus ignorant jusqu'au plus
puissant esprit : étant le droit naturel de tout
membre d'une société bien organisée suivant
que le prescrit l'humanité.

S'il est bon, et très juste, de rechercher les
moyens d'améliorer le sort des travailleurs,
des disgraciés de la nature qui sont absolument nés pour travailler manuellement, ce
qui est absolument incontestable actuellement, puisqu'il faut des travailleurs de différentes catégories pour que tous les travaux
utiles soient exécutés, peut-être viendra-t-il
temps où la machine plus parfaite et les
animaux mieux utilisés pourront remplacer
l'homme dans ses travaux manuels. Admettant aussi la perfection chez celui-ci, l'égalité
parfaite pourra alors régner, comme dans la
ruche des abeilles.

Mais, en attendant cela, il ne faut pas user
son temps et son intelligence à rêver des
utopies irréalisables, qui, loin d'améliorer le
sort du travailleur, ne peuvent que l'empirer!
Courir et passer le but n'est pas une avance,
il faut retourner sur ses pas!

Et puis la brutalité par l'emploi de la force
n'a jamais rien produit de bon et surtout de
durable. Aux moyens violents succèdent toujours un certain abattement ou relâchement

chez ceux qui les ont produits. Alors, l'intéressé en sens opposé, celui qui guette patiem-
ment, comme le renard dans son terrier où il
s'était dissimulé au moment de la tempête. Il
reparaît quand l'orage est passé, sans grand
bruit. Mais par des moyens puissants, il re-
prend petit à petit le terrain qu'il avait perdu.
C'est l'homme politique, qui sait employer un
langage à double sens, qui dit beaucoup et
ne dit rien, mais sert à dissimuler la pensée
et le but réel, et qui emploie des noms nouveaux et de nouveaux moyens pour arriver à
rendre les charges et les chaînes presque
invisibles, tant elles sont bien dissimulées,
mais n'en sont que plus lourdes et plus solides. Tels ont été les effets de la grande Révolution de 1789, au point de vue des charges,
qui est le seul point que nous voulons étudier : l'économie politique.

La politique, qui est et a toujours été la
cause de toutes nos souffrances, devrait être
bannie de la pensée, et surtout de toute pré-
occupation de la part des travailleurs, attendu
qu'elle ne sert qu'un seul parti, celui de
l'ennemi, celui de qui tout travailleur devrait
avoir le plus en horreur, puisque tous les
hommes qui se servent de ce moyen, la politique, sont les ennemis cachés, les plus avé-
rés de tous progrès et améliorations intéres-

sant les classes laborieuses. Ce sont eux qui
tiennent le plus grand nombre dans l'ignorance des moyens urgents et essentiels pour
arriver au but cherché, étant intéressés à
cette ignorance qui leur profite si bien. C'est
pour cela qu'ils font miroiter à leurs yeux,
pour les mieux tromper, des utopies qu'ils
savent parfaitement irréalisables. Quel que
soit le parti de l'homme politique, il n'a qu'un
but, se servir de l'électeur, duquel il se fait
un marchepied pour arriver au faîte gouvernemental et surtout à la fortune pécuniaire !...

. . . .

C'est un parasite du genre végétal, le gui,
par exemple, qui se nourrit et s'engraisse
de la sève du parti producteur sur lequel il
s'est greffé.

Mais, quant à penser au bonheur des travailleurs, il n'en a cure, changera de nuance
et d'opinions suivant la nécessité de son
intérêt !

S'il y avait lieu ici de rentrer dans des détails pour établir que tout ce beau zèle figuré
des chefs de partis politiques n'est qu'un
leurre, cela ne nous serait pas difficile : nous
pourrions citer grand nombre de noms bien
connus dans tous les partis.

. . . .

III

Les dieux que nous avons adorés : le coup d'État et la Commune.

Mais, nous ne citerons, en passant, que quelques-uns des dieux politiques que nous avons adorés nous-mêmes, qui ont su s'ériger des fortunes considérables qu'ils ont léguées à leurs héritiers sans jamais avoir montré la moindre velléité d'être utiles pécuniairement à ceux qu'ils ont tant exaltés comme victimes des exploiteurs, alors qu'avec tous les millions qu'ils ont laissés, ils auraient pu, s'ils avaient été sincères, créer tant d'œuvres philanthropiques et secourir tant de misères, non par des aumônes, moyens humiliants et démoralisateurs, mais en mettant en mains à des travailleurs intelligents et animés de bonne volonté, ce levier si puissant, sans lequel tout le génie de l'homme ne sert à rien : l'argent!...

Mais non, ces grands philanthropes par la parole seulement ! Posséder le capital pour l'utiliser à leur profit de domination personnelle et à celle de leurs héritiers uniquement, suivant que le font encore les meneurs actuels à qui il serait bien juste de dire : Vous, messieurs, qui prêchez le désintéressement pour les classes laborieuses, vous qui semblez verser des larmes d'attendrissement sur tant de souffrances qui vous sont connues ! Que ne leur venez-vous en aide par quelques parcelles de votre immense fortune ?... Vous n'ignorez pas qu'avec quelques milliers de francs confiés à un honnête père de famille, vous le rendriez indépendant pour toute sa vie, lui et les siens ! Vous prêchez contre les exploiteurs ; mais vous pourriez, sans vous causer la moindre gêne, en sauver un certain nombre d'exploités, si vous le vouliez, et sans beaucoup exposer (vous savez bien que l'on peut avoir confiance dans l'honnêteté de presque tous les travailleurs !), au lieu de thésauriser comme vous le faites, en prélevant, par des spéculations de différentes sortes, le plus clair du produit du travail de ceux que vous paraissez tant aimer !...

. . . .

· Mais non, cette pensée ne peut vous venir. Vous aimez, en effet, les travailleurs d'un amour sincère mais à la manière que vous aimez un beau fruit, qui sert premièrement à orner votre table, mais que vous croquez ensuite avec le plus grand plaisir !...

Voilà, messieurs les politiciens, de quel amour vous aimez les travailleurs. Vous les aimez d'autant plus qu'ils vous procurent satisfaction et fortune ! Mais, quant à les aimer pour tenter d'alléger un tant soit peu le fardeau qui les écrase, cette pensée ne vous est jamais venue et ne vous viendra jamais, pour la raison que vous êtes les premiers exploiteurs de cette classe, que vous paraissez vouloir presser sur votre cœur... Mais, vous savez bien que ce n'est que pour mieux en exprimer les sucs qu'elle peut produire à votre profit !...

Les dieux auxquels nous avons cru au point de les adorer comme des libérateurs, nous pouvons les citer, ils appartiennent maintenant à l'histoire, ce sont les Jules Favre, Jules Simon, Ernest Picard, Thiers, Victor Hugo, Gambetta, Jules Ferry, etc., etc. Tous, de simples avocats ou professeurs, sont morts en laissant de grosses fortunes, comme chacun le sait.

De ceux qui ont été, et sont encore de véritables dieux, pour le plus grand nombre, nous voulons parler de Victor Hugo et Gambetta, Victor Hugo ayant fait partie des deux Assemblées en 1848, Constituante et Législative, jusqu'au coup d'État du 2 décembre 1851.

Il fit partie aussi de ceux qui firent un semblant de résistance à ce coup de force, et, finalement, s'exila volontairement en Belgique.

Beaucoup d'amis politiques, malheureux, allèrent lui faire visite, tant que comme homme éminent de l'époque, puis, beaucoup comptant sur son bon cœur et désintéressement pour des compatriotes dans le malheur non prévu, et jetés brutalement sur une terre étrangère sans ressources.

On savait la fortune de V. Hugo, relativement énorme. Elle était évaluée à cette époque à plus de cinq millions. Il était tout naturel qu'en bonne confraternité politique et sociale, celui qui pouvait disposer d'un capital aussi considérable, vînt en aide à ceux dont la perspective était de mourir de misère et même de faim !

Il est aussi bon de dire qu'à cette époque il n'existait pas les ressources industrielles d'aujourd'hui. C'était à la naissance des chemins de fer ; les moyens de communications étaient très difficiles ! Ils furent à peu près tous reçus avec une certaine bienveillance et purent entendre de la part du Maître, comme on l'appelait, de longues tirades sur l'auteur

2

du coup d'État et de belles phrases patrioti-
ques. Mais, quant à l'aide pécuniaire, ils
furent tous éconduits, sauf la distribution de
menue monnaie aux plus miséreux, mais
d'une façon fort restreinte et humiliante !

Pourtant, est-il besoin de faire ressortir
combien, dans un pareil moment, un homme
possédant une pareille fortune aurait pu
rendre de services à ses malheureux compatriotes, non en faisant l'aumône, que nous
répudions de toutes nos forces, mais en
créant des moyens de travailler, en comman-
ditant financièrement les plus intelligents
suivant leurs aptitudes, avec condition ex-
presse d'occuper et de faire participer dans
les bénéfices ceux qui ne pourraient être les
organisateurs? Quelques centaines de mille
francs, prélevés sur cinq millions, n'auraient
pas fait un brèche bien sensible et n'auraient
pas surtout gêné leur propriétaire ! D'autant
plus qu'ils auraient certainement produit des
intérêts. C'eût été une véritable œuvre patrio-
tique et humanitaire, bien digne d'un grand
poète et démocrate, qui n'avait que faire de
tant de millions pour son usage personnel,
et qui eût été d'un bon exemple, et marqué
d'un signe ineffaçable, en mettant en harmo-
nie les actes et les paroles d'un parti avancé,
dont il était et serait resté le grand maître...

Mais non, cette pensée, à la vue de tant de
misères à secourir, ne lui est pas venue...
Mais, alors, nous sommes amenés à nous
poser cette question : De quelle nature est
donc l'âme de ces grands poètes, dont nous
nous plaisons à exalter la beauté en les ju-
geant d'après leurs œuvres? Nous les admi-
rons et leur élevons des autels dans notre
cœur, par la beauté des sentiments qu'ils
nous inspirent... Mais eux, ne ressentent
donc rien de ce qu'ils communiquent? Ce
ne sont donc que des machines à produire
des beautés le plus souvent sans fond, mais
que nous nommons des beautés idéales, qui
émanent quelquefois d'homme sans âme,
comme nous le montre la conduite de celui
qui nous occupe, vis-à-vis de ses malheureux
confrères en politique, qui, eux, n'avaient
rien à attendre des résultats de cette politique d'opposition au coup d'État, pour laquelle ils s'étaient naïvement sacrifiés au
profit seul des hommes en évidence, tel que
le grand républicain, V. Hugo?

Ces quelques réflexions exposées, nous revenons à notre sujet.

Après avoir séjourné un certain temps en
Belgique, V. Hugo alla se fixer à Jersey où il
resta jusqu'à la fin de l'Empire, quoiqu'il
avait toute liberté de rentrer en France avant

ce temps. Cela ne l'empêcha pas de publier ici tous ses écrits qui furent toujours très prisés et lui produisirent, en conséquence, des sommes énormes.

Rentré en France au temps de la guerre, que fit-il ? Il ne fut aucunement question de lui, jusqu'à la fin des affaires de la Commune. A cette époque, on le retrouve encore à Bruxelles. De là, il lance contre le gouvernement de M. Thiers, par la voie des journaux, une apologie de la Commune, et une apostrophe des plus vertes à l'adresse du gouvernement français, à propos des derniers faits contre cette révolution.

Cet article blessa les Bruxellois dans leur jugement sur ces faits, de sorte que, le soir du jour que parut cet article, ils se rendirent en masse sous les fenêtres de son hôtel, en brisèrent les vitres à coups de pierres, en criant : « A bas Victor Hugo ! » et « Expulsion ! » En effet, par ordre du gouvernement belge, il fut obligé de partir précipitamment.

Si, encore une fois, il était beau, grand et généreux de prendre le parti du faible contre le fort, du vaincu contre le vainqueur, il eût été mieux encore de mettre en concordance ses principes avec la pratique.

Injurier un gouvernement qui agit légalement ou arbitrairement, peut être bien ; mais venir en aide aux malheureux qui en sont victimes, aurait été encore beaucoup mieux. Ce qu'il ne fit pas.

Les contemporains de cette époque savent quel fut ce désastre terrible; tant moralement que matériellement, que produisit la fin de la Commune. Des malheureux ouvriers obligés de s'y rallier, pour beaucoup, en apparence, afin d'avoir du pain à manger, puisque dans Paris tout travail était suspendu. Il fallait faire acte de présence pour toucher chaque jour trente-cinq sous, somme allouée à chaque garde civique.

On sait combien de victimes innocentes ont été fusillées. Nous avons vu des exécutions en masse dans différents quartiers. Conséquences effrayantes, terribles, obligatoires, dira-t-on, de la guerre civile. Soit! Mais on peut se faire une idée du nombre de malheureux, qui, se croyant plus ou moins compromis, ont fui par tous les moyens possibles, à l'étranger, dans la crainte de ces exécutions barbares!...

On peut alors se représenter l'envahissement, pour ainsi dire, des pays voisins par les fuyards sans ressource, tels que la Suisse et la Belgique.

Alors, notre grand démocrate V. Hugo

avait une belle occasion de se montrer grand
d'âme en actions comme en paroles et faire
un usage majestueux de sa grosse fortune,
qui, à cette époque, devait être d'au moins
quinze à vingt millions, puisqu'à l'époque de
sa mort, en 1885, la presse fit connaître qu'il
laissait vingt-cinq millions dont dix placés en
Angleterre.

Au lieu de fulminer contre le gouvernement
et d'exciter la haine comme il le fit, s'il avait
eu un mouvement généreux, digne du grand
démocrate qu'il voulut paraître, que de bien
aurait-il pu faire ! Que de veuves et d'orphe-
lins il eût pu sauver de la misère et même de
la mort !...

Mais il n'en fit rien ! Son dieu à lui comme
celui des Juifs fameux, fut, jusqu'à son dernier jour, le veau d'or !...

Pourtant, il fut réélu à la députation. Que
fit-il ? Que proposa-t-il pour l'amélioration
du sort des prolétaires ? Rien ! Rien !...

Le deuxième des dieux populaires de qui
nous voulons nous occuper d'une manière
très brève, ne voulant montrer que comme
nous l'avons fait pour le premier, que tous
ces dieux politiques ne sont, en réalité, pour
le bien des malheureux travailleurs, que de
mauvais diables !...

Gambetta est né politiquement de l'affaire

Baudin en 1868. Jusque-là il était absolument inconnu... Secrétaire d'un avocat réputé de Paris, il fut appelé à prendre la parole dans cette affaire Baudin, qui eut un grand retentissement. Il n'avait que peu de choses à dire, venant à parler en cinq ou sixième. Mais les avocats avaient fait de cette affaire, une question politique. Comme il était de mode de dauber sur le gouvernement de l'Empire pour être bien noté comme révolutionnaire, pour cette affaire on en usa largement et Gambetta prononça cette phrase qui le mit en évidence (elle était audacieuse pour l'époque) : *Oui, je vous le dis, et c'est mon dernier mot, le coup d'État sera vengé !...*

Cette phrase, que nous avons parfaitement jugée à sa valeur alors, nous fit prédire ce qui arriva, que, certainement, c'était un député en herbe pour les prochaines élections. En effet, en 1869, il était élu à Belleville. C'était le premier pas fait pour sa fortune politique. C'était le quartier, par excellence, des travailleurs qui lui fournit le moyen de franchir ce premier degré de l'échelle des grandeurs. Étant orateur et audacieux, sa fortune politique et pécuniaire était assurée.

IV

La politique conduit à la fortune rapide.
Déclaration d'un député.

Nous connaissons un pays de l'Amérique du
Sud, et nous en connaissons aussi l'histoire,
où, tous les hommes qui ont monté au pouvoir gouvernemental, en sont redescendus
plus pauvres qu'ils n'étaient auparavant !...
Tout le monde sait qu'il n'en est pas de
même en France, où il suffit d'avoir été député seulement quelques mois pour que la
fortune de celui-ci, s'il est un peu intrigant,
soit *assurée*. Raison de plus pour ceux qui
font de la politique le but de leur carrière. Il
n'est besoin, pour s'en bien convaincre, que
de repasser d'un coup d'œil tous les hommes
que nous avons vu défiler à des postes plus
ou moins éminents du pouvoir gouvernemental, pour avoir la preuve de ce que nous avan-
çons.

Et en ce qui concerne les simples députés,
ceux qui ne sont pas des notabilités, nous
allons citer un exemple qui n'est pas unique,
suivant qu'il va l'être démontré, que nous affirmons être absolument authentique.

Sous la présidence Mac-Mahon, un député
se disant républicain, avait été nommé dans
un département du Centre. C'était un avocat
très intelligent, mais paresseux à tel point,
que, quoique bien noté comme avocat plai-
dant, il était dans un état voisin de la misère.

Après deux ans environ, du mandat de
député, la Chambre ayant été dissoute, il
était un des 363. Rentré dans son département, il acheta, à deniers comptants, au nom
de son gendre, qui était agriculteur-fermier,
une propriété agricole de deux cent mille francs.

Mais, n'ayant pas été réélu, il fut nommé,
en compensation probablement, juge-con-
seiller à Aix, puis, peu de temps après, président à la Cour d'appel de Limoges. On peut
voir, par ce qui précède, que son mandat de
député lui avait été bien fructueux.

Quelques années plus tard, ayant eu un
entretien avec un député d'Angers, réputé,
celui-là, pour son honorabilité à toute
épreuve !...

Le sujet de la conversation étant venu sur

le mandat de député, nous lui demandâmes
comment il pouvait se faire, si toutefois cela
était à sa connaissance, qu'un député pût
gagner *deux cent vingt mille francs* et plus
en quelques années de l'exercice de ce mandat.

« Il nous répondit que cela était très pos-
« sible, qu'il savait le moyen que bon nombre
« de députés employaient pour arriver à ce
« résultat. Cela est surtout très facile, s'il
« s'agit d'un député avocat ou avoué, quoique,
« ajouta-t-il, il y en ait d'autres qui profitent
« du même moyen, ou équivalant, dont voici
« l'explication, continua-t-il.

« Lorsqu'un député veut exploiter son man-
« dat, il s'empresse de faire passer sa carte,
« portant, bien entendu, son titre de député,
« à toutes les grandes compagnies soit finan-
« cières, maritimes, chemins de fer, etc., etc.

« Alors, au reçu de cette carte, on sait ce
« que cela veut dire. Immédiatement, ce
« député est porté aux livres de la compa-
« gnie, comme chef ou directeur de *conten-*
« *tieux*, ou autre fonction du même genre, ce
« qui permet de dissimuler, sous une appa-
« rence à peu près acceptable, les versements
« des sommes qui lui sont faites trimestrielle-
« ment.

« Toutes les grandes compagnies ayant des

« fonds affectés spécialement à ces sortes de
« services rendus, qui ne sont, bien entendu,
« que *fictifs*, ce qui veut dire en bon fran-
« çais que le député est à leur disposition
« pour tous les services qu'elles pourront en
« attendre !...

« Aussi ces compagnies ont-elles besoin
« d'un renseignement qui les intéresse sérieu-
« sement, et qu'elles ne pourraient par une
« autre voie se procurer positivement, ou
« avec grande difficulté. Mais comme les
« députés ont leurs entrées dans tous les
« ministères, et sous prétexte d'études à faire,
« peuvent se faire présenter des pièces,
« secrètes pour tout autre qu'*eux*. Il en ré-
« sulte qu'ils peuvent fournir à ces com-
« pagnies tous les renseignements qu'elles
« peuvent désirer, et contrôler plusieurs fois,
« ce qui leur établit une preuve indiscutable
« d'exactitude.

« Quant au vote des lois qui les intéressent,
« les compagnies, je crois qu'il est inutile
« que je vous en parle, ajouta-t-il : vous le
« devinez.

« C'est ainsi, continua-t-il, que sont obte-
« nus des votes de lois aussi surprenantes que
« celles qui ont fait racheter les chemins de fer
« de l'État par les compagnies quand c'était
« le contraire qui était absolument prévu !...

« Il faut convenir aussi, dit-il, que l'élec-
« teur est de bonne composition, pour croire
« à la bonne foi et au désintéressement de
« certains candidats qui dépensent, en frais
« d'élection, deux fois ce qu'ils toucheront
« pendant tout le cours de leur mandat de
« député. Il faut bien qu ils sachent ou se
« récupérer de leurs déboursés !... »

Le lecteur voudra bien nous pardonner,
nous l'espérons, ces longues réflexions, et
citations, qui nous ont semblé être à leur
place dans ce préambule, qui va nous servir
d'introduction aux questions que nous nous
proposons de traiter au fond : celles ayant
rapport aux charges par les impôts directs et
indirects et leur injuste application !...

Nous avons dit comment Gambetta était
arrivé à la députation, et qu'il était sans
fortune. Ce qu'il fit durant sa carrière
d'homme politique est connu de tous, et
appartient à l'histoire. Nous n'avons comme
tâche en ce qui le concerne (ne faisant pas de
critique politique), de ne faire son éloge ni
de le critiquer ; nous voulons seulement
faire remarquer qu'il aurait pu faire beaucoup plus qu'il n'a fait, s'il avait été animé
des sentiments humains que lui supposaient,
certainement, ses électeurs qui lui ouvrirent
la porte de la fortune. Et qu'a-t-il fait pour

eux? Rien !... Quelles lois a-t-il proposées aux Chambres pour améliorer le sort des petits, des travailleurs, lui qui était tout-puissant comme chef de parti et orateur *très* influent? Aucune ! Où a-t-il pris cette fortune colossale que la presse a évaluée, lors de son décès, à trente-cinq millions, d'autres ont dit quarante-cinq millions ?...

Mais, que nous importe le chiffre, de la moitié, ou de tout ce qu'il plaira d'en déduire ! Mais, nous savons qu'elle se chiffrera toujours par plusieurs millions. Alors, nous nous demandons comment un député dévoué à ses électeurs et bon patriote peut accumuler, en vingt années, une aussi formidable fortune, quand, au contraire, les charges des électeurs, qui avaient espéré par lui de sérieux dégrèvements, n'ont fait que s'accroître ?...

Et voilà en solution les dieux politiques que nous savons nous faire, nous Français ! N'avions-nous pas raison de dire que tous ces dieux ne sont que de mauvais diables ?...

Voilà donc les résultats que nous avons obtenus avec les hommes politiques que nous avons choisis depuis que la République existe !

Ils n'ont été que leurs propres représentants, n'ont fait que leurs propres affaires,

ont fait d'immenses fortunes, dont la source
serait sans doute fort peu avouable au point
de vue philosophiquement honnête ; qu'ils
lèguent néanmoins à leurs héritiers avec leur
exemple pour guide, afin de nous créer
de nouveaux maîtres, et plus puissants que
leurs devanciers, puisqu'ils détiennent de
plus grosses fortunes, et que le travailleur
est et sera toujours l'esclave, forcé par la nécessité de celui qui détient le capital. Car,
il ne suffit pas, comme on a essayé de le faire
croire depuis quarante ans, d'être instruit,
et même rempli de savoir pour lutter contre
l'exploitation, il faut encore avoir la force. Et
cette force, c'est la possibilité d'alimenter la
machine, qui ne peut fonctionner deux jours
si on ne lui fournit ce qui lui est indispensable : la nourriture suffisamment reconstituante
de l'être animé. Tous les beaux raison.. .ments
ne peuvent rien contre cette puissance-là !...
Par la faim, le plus fort, le plus ferme, le
plus résolu est obligé de s'incliner et
courber l'échine, suivant la volonté de celui
qui détient ces capitaux que son prédéces-
seur dans la vie a su nous enlever par l'exploitation, tant politique que matérielle ou
morale.

Quels que soient les moyens qu'a pu employer le spéculateur qui a, pour accumuler

des sommes aussi fabuleuses que celles attri-
buées à Gambetta, V. Hugo et tant d'autres !
qui n'ont pas plus que ceux-là travaillé et
remué la terre, source naturelle de toute
fortune !...

Nous ne prenons ces deux noms, bien en
tendu, que comme modèle de désintéressement démocratique afin de montrer la confiance que nous pouvons avoir en tous ces
beaux parleurs qui sollicitent notre confiance
quelque soit le parti qu'ils représentent politiquement n'ont pour but que, comme le dit
la morale du petit Chaperon Rouge, si simple et véridique, de manger notre rôti, en attendant qu'ils nous croquent *aussi*.

Si, comme nous l'avons dit, des hommes
supérieurs comme ceux que nous mettons en
évidence, ont droit à une place plus large
dans la vie ! à une existence en rapport avec
le génie qui les constitue ; s'il est besoin
pour compléter l'auréole de gloire qui les
entoure et les faire ressortir aux yeux des
humbles mortels comme des divinités ! Nous
voulons bien leur accorder des moyens de
jouissances supérieurs ! à ceux qu'exige la
nature pour tous ses enfants !...

Mais quant à admettre que tous ces grands
hommes, si tant il est vrai, qu'ils soient
grands, aient droit .l'exploiter les malheureux

travailleurs dans des proportions aussi formidables ! que celles qui permettent d'accumuler en aussi peu d'années, autant de millions, nous disons non ! de toutes nos forces !...

Nous n'admettons pas non plus que l'on puisse arguer qu'un écrivain a droit de profiter du succès de ses œuvres pour drainer la fortune publique à son profit seulement. A moins qu'il ne lui plaise, qu'il lui soit appliqué la déclaration si énergique de Proudhon !...

Pour nous, nous classons comme grands hommes au premier degré, les bienfaiteurs de l'humanité !...

Nous préférons cent fois, à tous les politiciens quels que soient les titres dont ils peuvent être parés, les humbles travailleurs dont la mémoire nous est transmise par l'histoire : au premier rang, les députés de l'Assemblée nationale de 1789. Puis les Parmentier, Jacquart, Dombasle, Raspail, Pasteur, etc., etc. Voire même Mme Boucicault, l'ex-blanchisseuse qui a su reporter avec tant de grandeur et sagesse, les millions dont la spéculation l'avait favorisée. Combien sont rares, ceux que nous nommons grands hommes, qui ont eu la pensée comme elle de partager l'avoir accumulé entre tous ses collaborateurs suivant la mesure des services supposés rendus. Puis, renvoyant la plus grosse part à sa source c'est-à-dire en créant des maisons de secours et bienfaisance grassement rentées au profit des malheureuses victimes de l'exploitation sociale !...

V

Une page d'histoire et les retraites des travailleurs.

Ayant cité les hommes de l'Assemblée nationale de 1789, cela nous suggère la pensée d'étudier et comparer l'œuvre grandiose de la plus sage, courageuse et dévouée des assemblées populaires qui fut celle-là ! Elle ne fût une assemblée politique. Mais purement d'économie politique !...

On sait que le nom premier de cette assemblée était la réunion des états généraux : qu'elle prit le nom d'Assemblée nationale qu'à la réunion dite du Jeu de Paume, n'étant composée à cette époque que du tiers état, auquel se joignirent aux réunions suivantes, une partie du bas clergé, comme nous l'établirons en passant en revue vivement sa formation et son œuvre.

Nous avons dit que cette assemblée avait pour but unique de s'occuper d'économie politique.

· La question gouvernementale n'était nullement en jeu ! Suivant que le croient grand nombre de gens, qui ne voient dans la réunion des états généraux qu'un commencement de révolution politique ayant pour but le renversement de l'état de choses établi pour y substituer la République. Erreur profonde ! Tous les membres du tiers état, qui étaient les représentants du peuple, n'avaient d'autre but, que de modifier l'assiette de l'impôt, suivant qu'ils en avaient reçu l'ordre du peuple par les cahiers des baillages dont ils étaient porteurs. Et, d'établir certains droits et réformes, suivant que nous allons l'exposer très succinctement. Notre but n'étant pas d'écrire un cours d'histoire. Mais seulement, de faire un rapprochement afin d'établir certaines comparaisons entre la conduite de cette assemblée, dans un moment aussi difficile, où elle avait tout à faire! En luttant contre des usages depuis longtemps établis, et des droits sérieusement acquis et défendus par les puissants du jour.

Avec la conduite, disons-nous, de nos Chambres actuelles, au point de vue de l'égalité et répartition des charges, après plus de cent ans passés de soi-disant progrès. Et quarante ans de gouvernement de république essentiellement politique !

Nous répétons encore, cette politique prati-
quée par les masses, c'est la cause de tous
les maux du peuple !!...

Tandis que son abandon, et son rattache-
ment à l'économie politique serait sa pierre
de salut, son vaisseau de sauvetage qui
pourrait le conduire avec certitude, vers le
port enchanté ! But de tous les rêves d'un
peuple sage : à la véritable égalité !...

Les principes d'économie politique ont
pour base première la grande famille, où,
un bon père entouré de tous ses enfants,
travaillant tous pour lui !... Et lui pour
tous ; c'est-à-dire qu'il exigera, en bon admi-
nistrateur, que chacun se dévoue ; travaille et
produise à la cause commune suivant la mesure de ses moyens et de ses forces.

Mais en échange il n'aura de préférence
pour personne ! Autant d'appelés, autant
d'élus. Tous auront droit aux mêmes égards,
à la même protection et aux mêmes honneurs
suivant ses aptitudes et mérites.

Voilà la vraie base ! Voilà le vrai point de
départ. Tandis que, la politique a pour principe au point de vue de la grande famille, de
faire tout le contraire de ce que l'on pro-
clame ! Tout en prouvant que l'on agit au
mieux de l'intérêt de tous, on n'a qu'un but,
celui de son intérêt personnel, et celui de sa

caste. C'est le système des monarchies, sans responsabilité personnelle.

Il nous suffirait pour rendre clairement notre pensée sur ce que nous venons de dire, de renvoyer le lecteur aux professions de foi de nos députés actuels et de leurs prédécesseurs depuis plus de cent ans.

Mais ceci serait bien difficile pour beaucoup nous préférons alors, faire quelques citations qui seront facilement comprises de tous.

Depuis 1867 sous l'Empire on a agité de temps en temps une question bien intéressante pour les travailleurs, celle d'une pension de retraite pour tous ceux qui n'auraient de moyens d'existence arrivés à un âge déterminé. Certes l'idée est bonne ! Si elle pouvait être mise en pratique d'une manière équitable ce serait un grand bienfait ! Et un droit reconnu plutôt qu'une charité !...

N'est-il pas triste plus qu'on ne peut l'exprimer de voir que jusqu'à ce moment on n'a rien trouvé de mieux, que de mettre à la charge des enfants déjà chargés de famille eux-mêmes et vivant avec grande peine! les grands-parents qui se sont usés en travaillant au profit de la société qui toujours a fait les lois...

Sous l'Empire ce projet a échoué comme cela était bien prévu. Il avait pour principe des versements à faire par les intéressés que l'État devait doubler ou tripler suivant les cas prévus, etc.

Depuis que nous sommes en république, plusieurs fois la même proposition a été faite, avec des combinaisons de différents genres. Mais, toujours ces propositions sont restées lettre morte ! Et presque toujours même abandonnées par leurs auteurs, qui certainement n'avaient jamais compté les faire aboutir ! Pour deux raisons, la politique et réclame électorale.

La deuxième c'est que le système est vicieux. Et non praticable ! Pour cette raison que l'on veut toujours pour base, des versements à faire périodiquement dans la caisse de l'État, par les intéressés, et ceux qui les emploient. D'abord, le versement de l'employeur ne serait toujours que fictif et en résumé impraticable. Fictif, parce qu'il le fera toujours supporter à son ouvrier directement ou indirectement !... Impraticable, en raison qu'il y a des travailleurs qui changent de patron plusieurs fois par mois, et même par semaine. Tels les agriculteurs qui forment le plus grand nombre !.. On se base généralement sur les fonctionnaires. Mais ceux-là ne sont nullement comparables avec les ouvriers à ce point de vue ! Le fonctionnaire ne travaille que pour un patron qui est l'État, presque toujours. Il a des appointements fixes, sur lesquels il peut compter toute l'année, et même toute sa carrière de travailleur.

Il peut établir son budget au 1er janvier pour toute l'année; en est-il de même pour l'ouvrier? qui aujourd'hui a du pain, mais n'est pas assuré d'en avoir demain!

Si au bout d'un mois il a fait quelques économies peut-il les déposer à la caisse de retraite, où il ne lui sera plus permis de les retirer s'il y a lieu. Non, certainement, attendu que le mois suivant il peut être sans travail; ce qu'il doit prévoir avant tout! Car il faut manger!...

Il n'y a donc qu'un seul moyen qui soit réellement pratique avec une autre organisation et répartition des charges, que nous étudierons en temps utile.

Quant au moyen il est simple et tout naturel. Découlant de la loi d'association et de solidarité que tous les membres d'une même société se doivent entre eux! Les Français, comme toutes les autres nations, ne forment qu'une grande famille et vaste association! Puisque, s'il s'agit de défendre le sol de la patrie contre l'invasion étrangère, tous ses membres sont obligés d'agir solidairement! Et celui qui oserait s'y refuser serait banni de la société et puni comme traître!...

Pourtant, les travailleurs qui ne possèdent rien ! matériellement. Pourquoi doivent-ils sacrifier leur vie pour la défense du sol de la patrie ?... C'est parce qu'ils font partie de la même famille, ou grande association !...

Mais en revanche, il leur est dû des égards, comme membres participants ; et à ce titre ils ont droit à une existence large et assurée quand ils ne pourront plus travailler !

Ceci est de la légalité naturelle. Les sauvages de l'île de Feu ne se conduisent pas autrement ! Pourtant en France, centre, dit-on, de la civilisation, il faut bien le reconnaître, quoique avec un vif chagrin, les choses ne se passent pas ainsi. Les membres administrateurs de cette vaste famille n'ont pas encore pu s'entendre pour reconnaître que ceux qui se sont usés à leur service, ont droit à l'existence quand ils ne peuvent plus leur être utiles.

Et, des centaines de mille des membres de cette association meurent chaque année de misère et de faim !...

Tandis que d'autres ont pu, en très peu d'années, thésauriser des dizaines de millions, qui n'ont pu être le produit de leur travail ! Ils ne les doivent donc qu'à leur participation à l'activité et à la faveur de l'association avec les travailleurs, grâce à la situation favorable qu'ils ont occupée, qui leur a permis de drainer tout cet or!...

Mais, malgré cette possession d'or, s'il n'était pas fécondé par le travail, quelle satisfaction en tireraient donc leur possesseur?...

Ils devraient forcément mourir de faim sur leur grosse fortune!...

Alors, toute la satisfaction qu'ils en tirent leur vient donc encore de leur association avec les travailleurs! C'est donc à eux seuls qu'ils doivent toute possession et jouissance! Et ils osent leur refuser le pain indispensable pour leurs vieux jours?...

. . . .

Nous avons dit et établi que toutes les propositions de loi faites aux Chambres pour créer une caisse de retraite pour la vieillesse des ouvriers, n'étaient que jonglerie politique, nous avons donné un aperçu de l'impossibilité avec tous les moyens proposés en l'état actuel d'arriver à une solution satisfaisante : nous y reviendrons d'une manière plus détaillée, lorsque nous en serons à étudier l'ensemble de l'organisation des charges.

Pour quant à présent nous avons à étudier et faire ressortir la malhonnêteté de nos hommes politiques vis-à-vis de leurs malheureuses victimes à qui ils jettent, comme on dit, de la poudre aux yeux, afin de les exploiter tout à leur aise !...

Ainsi, dans la discussion de divers projets de retraites pour la vieillesse, on a paru faire un grand effort en déclarant pouvoir arriver, avec des versements faits par les intéressés qui voudraient y participer, à leur constituer à soixante-cinq ans, une rente d'un franc par jour, c'est-à-dire du pain bien juste !

Quel effort ont dû faire nos bons députés, pour en arriver à prendre pareille décision ? Ils en feront, certainement, lors du vote définitif une maladie ! ! S'ils en viennent jamais à ce point, ce qui est plus que douteux !...

Car tout cela, ce n'est, comme toujours, que de la politique, et de la poudre jetée aux yeux. Ah ! quand il s'est agit de se voter une retraite pour *eux*, MM. les législateurs n'ont pas hésité, un seul instant ! La loi a été promptement votée ! Quant aux fonds nécessaires, cela n'a pas fait la moindre difficulté pour les trouver, on n'en a même pas parlé !...

Pourtant, il s'agissait d'une somme considérable ! Deux mille cinq cent francs pour chaque législateur, qui a seulement passé quatre années aux Chambres. Cela fera un joli chiffre dans quelques dizaines d'années !...

Mais, pour eux-mêmes... pour leur intérêt propre, rien n'est trop coûteux !...

Mais quant aux électeurs, dont ils osent se dire les humbles représentants, c'est tout autre chose !... Il y a toujours impossibilité insurmontable !...

Mais voici, néanmoins, le raisonnement que nous faisons à ce sujet. On propose une loi qui restituerait à l'ouvrier qui aura survécu à toutes les misères et privations qu'il aura eu à supporter, sous forme d'aumône ou de don gracieux, la centième partie de ce qu'on lui aura pris illégalement ! (au point de vue de légalité). Tandis que, si on voulait agir loyalement, toujours d'après les principes du bon père de famille, on devrait dire : Jusqu'à ce moment on a extirpé de la poche de tout travailleur, au moyen d'impôts directs et indirects, plus ou moins dissimulés, au moins cinquante pour cent du produit de son salaire, ce qui lui a occasionné des privations et souffrances sans nombres !... A partir de ce jour il n'en sera plus ainsi ! L'impôt sera perçu d'une manière plus équitable ! Étant progressif ; c'est-à-dire que chacun sera imposé suivant l'importance de sa fortune, en augmentan par degré suivant qu'il aura du superflu : attendu, que plus un contribuable est riche, plus il a besoin de la protection des lois !... Alors il doit payer en raison de la somme de jouissance et sécurité qu'il attend de celles-ci. De plus, comme le fils du bon père de famille, il doit produire à l'État suivant sa force ! L'argent étant le nerf de l'État, il doit l'aider dans la mesure de sa puissance !...

Mais, nos bons députés se garderont bien de faire une semblable proposition... Elle serait trop contre leurs intérêts ! Et, ils sont trop les amis d'eux-mêmes, et trouvent certainement, quoi qu'ils en disent, que tout est pour le mieux !... Alors, ils font de la politique et continueront tant que l'électeur voudra bien les suivre, en votant pour des noms et des couleurs, et non pour des hommes ! Et ne pas faire d'économie politique.

VI

Calculs et raisonnement d'économiste.

Nous avons dit en passant qu'il était perçu sur l'ouvrier, petit fonctionnaire, et petit rentier, par les impôts indirects, plus de cinquante pour cent du produit des salaires. (Nous classons dans cette catégorie toute famille qui n'a pas plus de quatre mille francs de revenu.) Nous le maintenons et il ne nous sera pas difficile de le prouver.

Un économiste, fonctionnaire du gouvernement, a publié l'année dernière un travail, par lequel il établissait la moyenne des impôts perçus indirectement sur les produits de l'alimentation. A *vingt-cinq pour cent* du salaire moyen des travailleurs.

Ce calcul, nous l'affirmons, est considérablement erroné !... suivant que nous allons le démontrer. Premièrement nous avons sous les yeux un article de journal du 6 février 1903

que nous avons toutes raisons pour croire
sérieusement fait, ayant habité Londres.

Il y est dit : une personne a acheté à Paris
et à Londres quarante-six articles d'épicerie,
semblables dans les deux capitales et aux prix
des catalogues. L'acheteur a dépensé à Paris
cent neuf francs quatre-vingt-quinze centimes.
Et à Londres quatre-vingt-quatre francs neuf
centimes, soit trente et un pour cent de plus à
Paris qu'à Londres. Donc, près d'un tiers de
différence sur des objets qui sont de première
nécessité. Et dans ce compte n'est pas compris
la viande qui à Londres est à très bas prix,
ainsi que le pain, qui est imposé en France de
dix centimes par kilogramme, et la viande de
cinquante centimes. Tous ces articles rentrant
en franchise en Angleterre.

Il est facile de comprendre que cette différence ne provient que des impôts indirects.
Pour cette raison que, s'il existait une petite
différence sur les prix de revient de ces articles, les négociants anglais trouvant bénéfice,
immédiatement nous les importeraient, et en
feraient baisser les cours !...

Mais, voici la raison. A Londres il n'existe
pas de douane ni droit d'octroi sur tous ces
objets. Tandis qu'en France, il y a les droits
de douane qui sont très lourds ! Et de plus
les droits d'octroi qui l'un et l'autre sont par-

ticulièrement appliqués aux objets d'alimentation. De plus encore, chaque commerçant entre les mains de qui passent ces objets prélève un bénéfice commercial non *seulement* sur le prix de la marchandise, mais encore sur les impôts qui la grève !...

De sorte que, plus la marchandise paie d'impôt à ces deux entrées, plus le commerçant y trouve bénéfice ! Puisqu'il calcule son tant pour cent sur le total y compris ses impôts de commerçant et personnels, c'est ce qui donne la différence d'un tiers supérieur de Paris sur Londres...

Bizarre !... Mais authentique.

De sorte que l'économiste qui a établi que les impôts indirects portant sur les objets de consommation s'élevaient à vingt-cinq pour cent du salaire moyen est loin d'être dans le vrai ! Puisque, rien que ce calcul quoique incomplet, établit de suite trente et un pour cent...

Mais la raison de cette erreur vient de ce que tous les économistes qui n'ont étudié qu'à l'école ignorent comment se pratiquent les calculs commerciaux. Cet économiste, comme tous ses confrères, a pris, très probablement, simplement les chiffres de la douane, la moyenne des octrois et peut-être les impôts sur les transports, en a fait un total, puis la division par le nombre d'habitants, et voilà !...

Il n'est pas besoin de prendre le titre d'économiste, pour établir et publier des statisti-
ques aussi erronées.

Et là ne se borne pas l'erreur, car, faire la
répartition d'un total entre un nombre d'individus connu, fût-il même exact, ne donnerait
pas encore la réalité des charges supportées
par les travailleurs. C'est ce que nous allons
étudier.

Nous dirons aussi en passant, car nous y
reviendrons, qu'il existe des objets de première nécessité, pour l'alimentation, qui
paient de douane à l'entrée en France près de
quatre fois le prix de la marchandise. Et, ce
qui est le comble comme beauté de notre
organisation pour la perception des impôts
indirects, c'est que cet impôt fournit une
moyenne de bénéfices aux commerçants, entre les mains desquels a passé cette marchandise : de deux fois son prix d'achat !... sans
compter le bénéfice commercial calculé sur
le prix de la marchandise *elle-même* ! Et tout
cela finalement est payé par le consommateur
qui ne s'en doute pas !...

Payer des impôts quoique injustement ré-
partis, passe encore... Mais, fournir d'énormes
bénéfices aux négociants, sous forme d'impôts
indirects... c'est le comble de l'exploitation

des malheureux qui triment tous les jours pour arriver à vivre !...

. . . .

Les économistes, nous l'avons dit, sont loin de la vérité dans leur répartition des impôts. Nous avons vu qu'une différence de trente et un pour cent existait entre Paris et Londres, provenant des impôts indirects. Et nous avons établi la raison, qui n'était pas comprise, nous l'affirmons, dans le compte fait par cet économiste, qui porte à vingt-cinq pour cent les charges provenant des impôts indirects, en faisant une répartition égale entre tous les habitants...

Nous allons établir là encore qu'il y a une erreur sérieuse ! Premièrement parce que le travailleur consomme plus d'un tiers en plus de celui qui ne fait rien En raison de ce principe physiologique qui établit que le travail effectué est en raison de la quantité de sang dépensé. Et, comme le sang est tout ce qui constitue notre force musculaire, est reconstitué lui-même par les aliments que nous absorbons. Il en résulte donc que le travailleur manuel dépense beaucoup plus que le désœuvré ! Et, en tenant compte que les aliments consommés par ce dernier sont de bien plus mauvaise qualité au point de vue nutritif, et qu'ils sont en général imposés,

on peut bien en conclure qu'ils paient un
tiers plus que cette moyenne ce qui porterait
déjà le chiffre à 41 p.100 (quarante et un pour
cent).

Maintenant, il faut encore défalquer de
cette moyenne et reporter sur les habitants
des villes, la différence qui se produit en faveur des habitants des campagnes qui, eux,
en grande majorité vivent de ce qu'ils récoltent, ne supportent pas de ce fait, les impôts
indirects. Puis encore, les riches propriétaires
qui vivent sur leur terre ne paient aussi aucun impôt de consommation pour eux et leur
personnel.

Maintenant, il faut encore ajouter les impôts directs que paient les travailleurs de
toutes les villes de province, plus ceux que
paient en leur nom celui qui les occupent et
qui se répercutent avec bénéfice pour ce dernier, sur les objets de consommation qu'il
produit, ce qui en élève d'autant le prix pour
le consommateur, de sorte que l'impôt direct
de l'industriel devient impôt indirect payé
par ce même consommateur, qui ne peut
s'en douter ni s'en défendre !...

Tous ces impôts différents augmentés des
bénéfices prélevés par ceux qui sont censés
les supporter porte finalement, et certainement! l'impôt pour les travailleurs des villes

a plus de cinquante-cinq pour cent, 55 p. 100 de leur salaire! Et à cinquante pour cent pour tous les citadins, qui ont moins de quatre mille francs de revenu.

Alors, en résumé général, quand un travailleur reçoit cent francs, pour un mois de travail, il ne touche que cinquante francs réellement! utilisable, comparativement aux pays qui n'ont pas cette magnifique organisation !... Puisque l'autre moitié lui est reprise immédiatement, sous forme d'impôts indirects !...

. . . .

Maintenant, si nous faisons le calcul de la carrière d'un ouvrier arrivant à l'âge de la retraite que nous établissons à soixante-cinq ans.

Il aura donc fourni au minimum quarante-cinq ans de bon travail, plus le temps du service militaire. L'État aura donc prélevé au bas mot sur ce travailleur 600 francs par année qui, multiplié par 45, donne 27.000 francs. Et si nous y ajoutons les intérêts capitalisés seulement une fois, nous trouvons la jolie somme d'environ cinquante mille francs, qui aura été la quote-part payée par un travailleur pendant sa carrière. Voilà une jolie fortune d'ouvrier qui, placée à cet âge en viager, donnerait 10 p. 100, soit cinq mille francs.

Et vous battez des mains, vous regardez comme des sauveurs et des dieux, des dépu-tés qui viennent vous proposer de vous donner comme aumône, de quoi vous empê-cher de mourir de faim à soixante-cinq ans !! quand ils vous ont pris par le fait de leurs lois *injustes*, une somme aussi considérable en vous obligeant à toutes sortes de privations et misères, sous le poids desquelles des cen-taines de mille ont succombé !... Et qu'ils se proposent de continuer ce système avec vos descendants.

Voilà pourtant l'œuvre de la politique !!...

VII

La Révolution de 89, préparée par le gouvernement de Louis XVI et décrétée par le Parlement.

A une époque de notre histoire, on a fait de l'économie politique. Est-ce volontairement ou non, de la part de nos puissants de l'époque?...

C'est ce que nous allons examiner en citant ce passage d'histoire... Toujours est-il qu'un pas de géant a été fait en très peu de temps!... et que nous ne le devons qu'à l'économie politique. Ce passage dont nous voulons parler, ce sont les quelques années qui ont précédé 1789.

On parle toujours de la Révolution, et l'on ne s'occupe pas assez de ce qui l'a précédée et qui en a précipité le dénouement, dénouement tout à fait imprévu de la part de ses auteurs mêmes !!

C'est en 1780 que commença ce grand mouvement.

Le ministre Necker ayant publié son fameux compte rendu, qui établissait les recettes et dépenses d'une manière très détaillée, fit voir par là où passaient les sommes immenses, produit des impôts perçus, comme aujourd'hui, sur les travailleurs !... (avec la différence qu'à cette époque, la perception s'en faisait ouvertement tandis qu'aujourd'hui les moyens en sont tellement dissimulés que beaucoup les ignorent et les nient !...)

Mais, à cette époque, chacun jusque-là ignorait l'emploi du produit des impôts. Depuis Turgot aucun ministre n'avait publié de compte rendu de son administration financière.

Ce qui avait décidé le roi Louis XVI à appeler ce négociant aux finances de l'État c'était l'embarras où il se trouvait, lui et les seigneurs de la cour, pour trouver le moyen de couvrir le déficit budgétaire qui s'élevait annuellement à cinquante-six millions environ. Et Necker terminait son compte rendu en disant que, pour payer le déficit, il fallait abolir les privilèges des couvents et des seigneurs, et leur demander les mêmes impôts qu'aux paysans. Mais cela ne faisait pas l'affaire de tous ces privilégiés. Ils s'ameutèrent contre Necker et obtinrent son renvoi en mai 1781.

(Exactement la situation actuelle en *tout point* !)

Tout ce grand mouvement qui nous donna la réunion des états généraux prit naissance dans le Berry, par la création d'assemblée provinciale par Louis XVI, et son conseil ayant Necker à la tête. Ce fut la première assemblée de ce genre, elle était l'équivalent des conseils généraux. Le Berry étant le fief du dauphin devenu Louis XVI.

Necker fut remplacé par M. de Calonne. Celui-ci trouva moyen de satisfaire la cour et la noblesse, en pratiquant des virements, cachant par ce moyen le déficit du budget qui grossissait néanmoins que de plus belle, il décoiffait saint Pierre pour coiffer saint Paul, comme on dit, et pendant ce temps, la cour continuait ses fêtes scandaleuses qui se répercutaient jusque dans les campagnes, par les seigneurs qui ne se gênaient plus d'afficher leurs orgies, un moment suspendues sous Necker, ils avaient eu peur !

Malgré tout cela, il ne fut pas possible d'éviter la convocation des états généraux.

En 1788, le gouvernement essaya bien, avec le concours des notables réunis, de voter de nouveaux impôts. La dette était à cette époque de seize cent trente millions. Les notables s'étant réunis à Versailles, Calonne lui-même leur déclara qu'on ne pourrait plus payer la dette par les moyens ordinaires, qu'il fallait abolir les fermes générales, établir des assemblées provinciales pour taxer chacun suivant ses MOYENS, et mettre un impôt sur toutes les terres, sans distinction !

Mais ils refusèrent tout !

Que voulez-vous, ces gens-là s'aiment, ils n'ont pas assez mauvais cœur pour se taxer, ni se faire du mal. Oh ! s'il s'était agi de mettre un impôt sur le peuple, cela n'aurait pas été difficile ils auraient dit oui, plutôt dix fois qu'une...

Finalement le roi renvoya M. de Calonne et nomma pour le remplacer M. de Brienne, archevêque de Toulouse. Et les notables acceptèrent les réformes. On a jamais su pourquoi ! Mais le Parlement de Paris refusa, déclarant qu'il fallait des états généraux pour consentir les impôts. Le grand mot était lâché...

Ce fut un grand scandale, car le Parlement déclarait par là que depuis les premiers temps on avait imposé le peuple sans lui demander son consentement, et que c'était un vol.

Ainsi commença la révolution.

Ce fut donc le Parlement qui fit faire le premier pas.

Aujourd'hui tout est changé en apparence, on ne vote plus les impôts sans le consentement du peuple. Mais, nos députés ne représentant qu'eux-mêmes et leurs intérêts, de sorte que c'est toujours la même chose ! C'est toujours le peuple qui paie et lui seul ! Mais grâce à la politique on lui fait croire que rien ne se fait sans sa volonté. Et au mieux de ses intérêts.

Enfin, les états généraux sont sur le point d'être nommés. Le peuple se réjouissait à l'avance en pensant à la suppression des octrois, des vingtièmes, des barrières, des gabelles, etc.

Malheureusement l'été de 1788 fut terrible ! par la sécheresse et il n'y eut pas de récolte de sorte que la famine était imminente ; qu'on ajoute à cela un hiver des plus rigoureux de sorte que le peuple fut réduit à manger de l'herbe mélangée avec du son.

Et des milliers moururent de faim !

Malgré cela, les gens n'oubliaient pas les états généraux. On allait conquérir, disait-on, la liberté et l'égalité devant les charges...

Ce fut en mars 1789 que fut apposée l'affiche, invitant les Français âgés de vingt-cinq ans à s'assembler à la maison commune pour concourir à la rédaction des cahiers, et à la nomination des députés.

Les députés choisis formeront, disait l'affiche, à l'hôtel de ville et sous la présidence d'officiers municipaux, l'assemblée du tiers état de la ville. Ils rédigeront le cahier des plaintes et doléances de la dite ville, et nommeront des députés pour les porter au bailliage principal.

On n'a point fait à cette époque comme on fait aujourd'hui : les députés ont été choisis parmi les habitants de la localité, tandis qu'aujourd'hui on les fait venir de Paris ou autres lieux, comme on ferait de fruits exotiques et autres primeurs. Aussi qu'en résulte-t-il ? Que nous ne sommes point représentés aux Chambres. Nous le répétons, nos députés ne représentent qu'eux-mêmes et leurs intérêts ! Et pourquoi en serait-il autrement ! N'ayant voté que sur des noms politiques sans aucune conditions autres, ils ne font que de la politique et nous n'avons rien à leur reprocher.

Tandis que les députés de 89 avaient, eux, un mandat à remplir. Ils étaient porteurs des cahiers des bailliages sur lesquels était tracé leur devoir. Et ils avaient promis d'appuyer de tout leur pouvoir les vœux et demandes exprimés par le peuple et consignés sur les dits cahiers. C'étaient des mandats impératifs comme devraient en être porteurs tous nos députés, afin de rendre vrai ce titre de représentants que nous leur donnons si injustement.

La réunion eut lieu à Versailles le 5 mai 1789, après plusieurs cérémonies de cour et religieuses, telles que la présentation au roi, messe du Saint-Esprit, chant du *Veni Creator* et autres.

Pour lesquelles cérémonies il fallait traverser une partie de la ville en corps. Une chose à remarquer, c'est que le peuple réuni en foule pour voir ces belles cérémonies, criait sans cesse : vive le tiers état, vive les représentants du peuple ! Et que pas un vivat ne se fit entendre en faveur des deux autres ordres, la noblesse et le clergé, surtout à cette époque où les habits brodés d'or avaient tant de prestige sur le peuple : c'est à peine si quelques cris de vive le roi se firent entendre. Le peuple sentait que l'avenir de la nation était entre les mains de ses représentants c'est-à-dire les députés du tiers état; et que le roi et les deux autres ordres étaient les ennemis. Aussi, forts de cet appui moral du peuple à ses représentants; il en résulta un redoublement de dévouement et d'audace; ils sentirent que le peuple était tout entier avec eux, et qu'alors ils ne pouvaient reculer devant aucun obstacle pour faire exécuter les volontés de la nation, si clairement exprimées par les cahiers des baillages.

Déjà par la pression des réclamations populaires, le roi avait dû congédier M. de Brienne et reprendre pour ministre Necker.

Après plusieurs semaines passées en vain cérémonial et vexations à l'adresse du tiers état dont nous ne citerons que quelques-unes, le roi et la noblesse voyant que le tiers état ne se conduisait pas comme ils l'auraient espéré. Le roi fit masser une grande quantité de troupes autour de Versailles et Paris. Et pour gagner du temps on ajourna pour des motifs sans valeur la réunion des états généraux. Mais nos représentants sous la présidence de Bailly ne perdirent pas leur temps. Il fut décidé, dans la séance de nuit du 16 juin, qu'ils étaient la seule réunion légitime.

Et sur la proposition de M. Legrand, l'assemblée vota qu'elle s'intitulerait à l'avenir, Assemblée nationale. Et le 17, en présence de quarant-cinq mille spectateurs l'assemblée se déclara constituée et chacun des membres prêta ce serment: « Nous jurons et promettons de remplir avec zèle et fidélité les fonctions dont nous sommes chargés. » Et l'assemblée déclara que provisoirement elle consentait pour la nation à la perception des impôts existants quoique illégalement établis et perçus. Mais seulement, jusqu'à la première séparation de l'assemblée, de quelque cause qu'elle pût provenir. C'est le premier principe proclamé par l'Assemblée nationale. L'Assemblée nationale du tiers état se composait de 578 membres, le clergé 291 et la noblesse 270.

Par un ordre du roi, les réunions des états généraux furent ajournées au 22 juin. Le roi ayant une communication à faire personnellement, la réunion était indiquée pour neuf heures.

Mais lorsque les députés du tiers état se présentèrent, un officier des gardes s'avança et dit à M. Bailly qu'il avait reçu l'ordre de ne laisser rentrer personne. Toute l'assemblée était réunie à la porte de la salle dite des Menus. Mais alors, sur la proposition d'un des membres, il fui décidé que puisque la salle des réunions était fermée, qu'on se réunirait au Jeu de Paume, rue Saint-François. Tout manquait dans cette salle. On alla chercher dans le voisinage quelques chaises et une table que l'on installa au milieu de cette espèce de halle !

L'assemblée était debout et une foule immense remplissait les galeries. Un membre nommé Monnier après avoir représenté combien était étrange de voir la salle des états généraux occupée par des hommes armés et l'Assemblée nationale à la porte exposée aux rires insultants de la noblesse et de ses laquais, et que dans cette situation les représentants de la nation n'avaient qu'une chose à faire c'était de se lier au salut public et aux intérêts de la patrie par un serment solennel...

Et prit aussitôt l'arrêté suivant :

« L'Assemblée nationale, considérant qu'appelée à fixer la constitution du royaume, opérer la régénération de l'ordre public et maintenir les vrais *principes* de la *monarchie*, rien ne peut empêcher qu'elle ne continue ses délibérations dans quelque lieu qu'elle soit forcée de s'établir et qu'enfin partout où ses membres sont réunis, là est l'Assemblée nationale.

« Arrête que tous les membres de cette assemblée prêteront à l'instant serment solennel de ne jamais se séparer, et de se rassembler partout, où les circonstances l'exigeront jusqu'à ce que la constitution du royaume soit établie et affermie sur des bases solides. Et que, ledit serment étant, tous les membres, et chacun d'eux en particulier confirmeront par leur signature, cette résolution inébranlable !... »

Tout à coup des centaines de voix éclatèrent comme un coup de tonnerre. Nous le jurons ! Nous le jurons !!

Voilà le serment du Jeu de Paume, tel qu'il fut prononcé par nos pères, hommes réellement dévoués à la nation, de laquelle ils étaient les dignes représentants !

Le lendemain, la salle du Jeu de Paume étant fermée par ordre royal, nos députés se réunirent à l'église Saint-Louis.

Le 24, le roi s'étant décidé à tenir la séance qu'il avait fait annoncer. Il pleuvait très fort. Les députés du tiers état s'étant présentés, ils furent empêchés d'entrer, tandis que la noblesse et le clergé passaient librement, alors une espèce de laquais vint prévenir messieurs du tiers état d'entrer par la porte du chantier pour éviter tout encombrement et confusion ; mais cette porte était fermée et il fallut attendre là, sous la pluie qui tombait en averse, plus d'une heure, malgré la demande trois fois réitérée du président Bailly.

C'est à cette occasion que Mirabeau s'écria, blême de colère : « Monsieur le président, conduisez la nation au-devant du roi ! » Enfin à cette troisième fois, le président ayant déclaré que si la porte ne s'ouvrait pas, le tiers état allait se retirer, la porte s'ouvrit toute grande ; mais messieurs de la noblesse et les évêques riaient en voyant les représentants prendre place, tous trempés et humiliés.

Alors, le roi entra et fit un petit discours. Puis il fit lire ce qu'il voulait qui fut fait ; à l'article 8, le roi casse et annule les restrictions qu'on a mis au pouvoir des dépu-

tés (1). A l'article 6 Sa Majesté déclare qu'à
l'avenir elle ne permettra plus le mandat
impératif ; *sans doute, parce que les filous qui
trafiquent de leur voix se reconnaîtraient trop
bien au milieu des honnêtes gens qui remplis-
sent leur mandat !...*

Enfin, en terminant, le roi ordonna aux
états généraux de se séparer de suite.

La noblesse et le clergé se retirèrent, mais
le tiers état resta en séance.

C'est là que Mirabeau fut réellement magnifique : « Quelle est cette insultante didac-
ture ! s'écria-t-il. L'appareil des armes pour
nous commander d'être heureux ! Qui vous
fait ce commandement ? Votre mandataire !
Qui vous donne des lois impérieuses ? Lui qui
doit les recevoir de nous, messieurs, qui
sommes revêtus d'un sacerdoce politique et
inviolable, de nous enfin de qui vingt-cinq
millions d'hommes attendent un bonheur certain, parce qu'il doit être consenti, donné et
reçu par tous. Je demande qu'en vous couvrant de votre dignité, de votre puissance
législative, vous vous renfermiez dans la
religion de votre serment, il ne vous permet

_____

(1) C'est-à-dire le mandat impératif ou cahier
des bailliages sur lesquels étaient consignées les
olontés du peuple.

de vous séparer qu'après avoir fait la constitution. »

Le maître des cérémonies étant venu rappeler les ordres du roi, Mirabeau était resté
debout. Il reprit la parole : « Oui, monsieur,
dit-il, nous avons entendu les intentions qu'on
suggère au roi. Et vous qui ne sauriez être
son organe auprès des états généraux, vous
qui n'aviez ici ni place ni droit, vous n'êtes
pas fait pour nous rappeler son discours !
Cependant, pour éviter toute équivoque et
tout délai, je déclare que si on vous a chargé
de nous faire sortir d'ici, vous devez demander
des ordres pour employer la force ; car nous
ne quitterons nos places que par la puissance
des baïonnettes !... »

Et toute l'assemblée se leva comme un seul
homme en criant : Oui ! oui !...

Nous avons dit que nos députés avaient
l'ordre écrit d'abolir les barrières intérieures
et extérieures qui gênaient le commerce ; les
maîtrises et jurandes qui gênaient l'industrie ;
les dîmes et droits féodaux qui entravaient
l'agriculture ; la vénalité des charges et offices
contraires à la justice ; les tortures et autres
barbaries contraires à l'humanité, et vœux des
moines contraires aux familles, aux bonnes
mœurs et au bon sens. Abolition de la gabelle
et autres impôts frappant le peuple.

5

Tout le programme fut fidèlement exécuté !...

Voilà ce que demandaient tous les cahiers des bailliages dont étaient porteurs les députés du tiers état.

Voilà les vrais principes d'économie politique mis en pratique par notre première et seule Assemblée nationale !...

Car, depuis ce temps, tout n'a été que jonglerie politique !...

Aussi cette assemblée avait fait une révolution tellement grande, belle, admirable, qu'elle fit trembler sur leurs bases tous les trônes d'Europe !...

L'Assemblée nationale commit une grande faute, ce fut de décréter qu'aucun de ses membres ne pourrait faire partie de l'Assemblée législative.

VIII

Rétablissement de toutes les charges des impôts supportés par le peuple avant la Révolution.

A partir de cette époque la marche des choses changea rapidement, on se remit à faire de la politique, les noms succédèrent aux hommes, et bientôt ce fut une telle confusion entre les hommes politiques qu'ils s'entre-dévorèrent, tout en se dévouant à la cause qu'ils voulaient sauver.

De tout ce gâchis, il en sortit comme du mélange de la marmite infernale de Pluton, un prodige qui fut Bonaparte dont le succès fut la récompense d'une audace incomparable! Il eut pour grand mérite d'avoir su faire s'entr'égorger des millions d'hommes et confisqua au profit de la dynastie qu'il inventa, tous les progrès conquis par les hommes de la première assemblée, en rétablissant autant que possible tous les privilèges de caste et de robe ; changea les noms des impôts, au lieu de dire gabelle, taxe, surtaxe, dîmes et droits seigneuriaux. Il a fait pour les impôts directs, cote personnelle et mobilière, portes et fenêtres, patente et centimes additionnels, droits de succession et de mutation. Il a même rétabli dans leur beauté les corvées en nature.

Et pour les impôts indirects, l'*octroi*, les droits sur les boissons, le timbre, l'enregistrement, les tabacs et la régie qui s'étend sur tant de droits à payer indirectement. Et tous ces impôts se sont multipliés avec la puissance d'une fécondité prodigieuse !...

Et tout, arrangé d'une manière si savante, qu'il en est aujourd'hui comme avant 1789, que les travailleurs, les petits sont encore seuls à en supporter les charges. Il n'y a qu'une différence, c'est qu'elles se sont quadruplées !...

Depuis Napoléon dit le Grand, plusieurs révolutions ont eu lieu, toutes révolutions politiques. Aussi à qui ont-elles profité? A quelques hommes politiques et audacieux. Et voilà tout! C'est aussi à Napoléon que nous devons la conscription, le plus lourd de tous les impôts! qui jusqu'à présent n'avait frappé que le pauvre, puisque pour quelques centaines de francs, le riche en était exonéré!

Nous avons fait un court exposé d'histoire que nous avons cru nécessaire comme rapprochement des temps, des effets et des hommes montrant leur valeur d'après leurs œuvres humanitaires ou politiques. Nous avons surtout essayé de faire ressortir la différence qui existe en faveur des idées que nous préconisons au point de vue pratique de l'économie sociale. Nous regrettons, et souffrons même, de ne pouvoir rendre plus clairement des idées que nous savons bonnes et surtout justes! Nous manquons certainement d'expressions, ou plutôt de moyens que contient seule la parole d'un homme éloquent et de ce qui ne se rend pas par la plume, de ces accents et intonations de voix plus puissants encore que des paroles, mais qui les accompagnent, provoquent l'émotion de celui qui écoute et le pénètrent de la conviction par laquelle l'orateur est entraîné lui-même !

Tous ces moyens ne nous appartenant pas, nous faisons sans doute des efforts inutiles tout en espérant néanmoins que le lecteur indulgent nous saura bon gré de notre bonne volonté à défaut de mieux !

Et puis, il voudra bien aussi reconnaître la difficulté qu'il y a à traiter un sujet aussi aride: critiquer les lois de son pays auxquelles

chacun de nous est habitué depuis sa naissance et dont l'application se fait, en apparence, d'une manière si simple ! Et pourtant,
si compliquée que nous n'en saisissons pas
les effets, en ce qui concerne les intérêts du
plus grand nombre ! Et tant préjudiciables à
tous !...

Cela est tellement vrai, que nous craignons
d'être taxé d'exagération en présentant comme
nous avons dû le faire, par comparaison, l'état
des charges des travailleurs, actuellement
comme quatre fois plus lourdes, qu'elles ne
l'étaient avant 1789. Tant les moyens de perception sont bien dissimulés, pour qui ne se
donne pas la peine de chercher dans les des-
sous. Et faire des calculs qui en démontrent
la véracité, quoique les chiffres soient bien
éloquents !

A cette époque le budget d'État n'était guère
plus important que celui de la ville de Paris,
actuellement ; tandis qu'aujourd'hui il est de
quatre milliards.

La dette de l'État était aussi de seize cent
trente millions ; aujourd'hui elle est de plus de
trente-deux milliards ! Et si on y ajoute celle
des villes et communes elle dépasse certainement quarante milliards !...

La population de la France à cette époque
était de vingt-cinq millions d'habitants. Elle

est aujourd'hui de trente-huit millions, soit
treize millions en plus, pour supporter un
excédent de dette de trente-huit milliards ! Et
quatre milliards de budget.

Rien que par là il est bien facile d'établir la
proportion des charges, par la différence
immense ! Fardeau réellement effrayant !...
Et supporté à peu près en entier par les travailleurs, comme avant 1789...

IX

Ignorance des choses essentielles
par les conférenciers politiques.

Aussi notre surprise a été bien grande ;
pour nous qui de tout temps avons négligé la
politique pour ne nous occuper que d'économie politique pratique. Notre surprise fut
grande, disons-nous, quand nous nous sommes
trouvé à agiter ces questions si intéressantes
au point de vue social, avec des hommes occu-
pant des situations pour lesquelles il nous sem-
blait que l'on devait tout connaître, ou tout au
moins des choses aussi essentielles !... Nous
fûmes bien surpris qu'ils furent amenés à
nous déclarer qu'ils ne comprenaient absolument rien à toutes ces questions-là ! Et se
montrèrent très étonnés après que nous leur
eûmes démontré une partie du fonctionnement,
et le résultat, d'une manière palpable.

D'autres, des chefs du parti avancé socialiste qui s'occupaient de propagande par la parole, dans les réunions publiques, à qui nous avons suivant notre conviction dit : Nous acceptons vos idées politiques. Mais par là vous n'améliorerez à peu près rien : car tout le mal vient de la mauvaise répartition des impôts qui écrasent indirectement les travailleurs. Ah !... Nous fut-il répondu avec une exclamation bien marquée de conviction. Les impôts, cela nous inquiète fort peu ! Pour la raison que moi, dit notre interlocuteur, de même que tous les ouvriers n'ayant pas un loyer supérieur à cinq cent francs, nous n'en payons pas.

« Dans tous les cas cette réplique ne pouvait s'appliquer qu'aux ouvriers de Paris, car en province et même dans la banlieue de Paris ils paient des impôts directs qui sont, cote personnelle, cote mobilière et portes et fenêtres qui sur le tout se greffent les centimes additionnels qui sont souvent d'un franc quarante pour franc. Et, remarque intéressante à faire, un ménage qui n'a pas d'enfant paie moins de cote mobilière que celui qui en a deux, et celui qui en a quatre plus que celui qui n'en a que deux et ainsi de suite en progressant, la taxe étant établie sur le nombre des membres composant la famille, sans tenir compte du plus ou moins d'aisance. Toujours le même système, le plus lourd fardeau au plus faible ! »

(La cote mobilière est de dix à quatorze pour cent du loyer.)

Nous restâmes absolument interdit, tant notre surprise fut grande !... Nous ne pouvions pas nous douter que des hommes qui font pour ainsi dire métier d'enseigner au peuple ce qui peut l'intéresser et lui être utile pour le bonheur de la vie sociale, ignorent ce qui devrait être la base de tout leur enseignement ! Car ce qui fait la souffrance des prolétaires, ou du moins qui en est la cause, c'est l'inégalité dans la répartition des charges qui leur incombent presque toutes ; et les privent de ce qui pourrait leur donner un peu de bien-être et d'indépendance : l'argent qu'ils gagnent et qui leur est retiré, par les moyens indirects, sans qu'ils s'en doutent.

Tandis que les grèves auxquelles on les pousse sont entièrement contre leurs intérêts, le but qu'ils visent n'est qu'une pure fiction ; facilement explicable, comme nous allons le faire, aussi clairement que possible !...

X

Étude sur les grèves en général,
et les effets qui en découlent.

Si nous supposons une grève se prolongeant un mois, soit vingt-cinq jours de travail perdus à cinq francs, cent vingt-cinq francs. Si l'ouvrier obtient gain de cause, et que l'augmentation de la journée soit de cinquante centimes, il lui faudra donc travailler deux cent cinquante jours, ou dix mois, pour regagner ce qu'il aura perdu par la grève. Ce n'est donc qu'à partir du onzième mois qu'il trouvera bénéfice à avoir fait cette grève, si rien ne survient jusque-là, car le patron ne manquera pas de guetter toutes les occasions favorables, afin de revenir à l'ancien prix, soit que les ouvriers lui reviennent en plus grand nombre, ou que le travail fasse défaut un moment, ou qu'il trouve le moyen de remplacer les hommes soit par des femmes si le travail le permet ou

par des machines, qu'il avait hésité à acheter
jusque-là, en raison de la dépense que cela lui
occasionnait. Mais maintenant, il n'a plus à
hésiter; pour cette raison qu'ayant fait son
compte de ce que lui coûte en plus la main-
d'œuvre, et le prix des machines nécessaires.
Ajoutant, qu'avec les machines il sera maître
de la situation, qu'il pourra employer des
manœuvres pour servir ses machines, et
qu'alors le nombre d'ouvriers compétents sera
de beaucoup diminué ! Donc pour lui, bénéfice
sérieux ! Mais n'eût-il aucun bénéfice il se
sera vengé !...

Mais, prenant le cas le plus favorable en
apparence, l'ouvrier restant augmenté de cinquante centimes par jour. Vu le bon résultat
obtenu, toutes les corporations successive-
ment vont faire grève. Toutes obtenant gain
de cause; mais il en résultera que, comme
l'employeur ne sort jamais de sa caisse les
augmentations qu'il est obligé de faire à ses
ouvriers, pas plus que sur les matières premières qu'il emploie; qu'il lui faut toujours son
bénéfice bien net, il va augmenter lui, comme
toutes les autres corporations, d'autant le
prix des articles qu'ils produisent. En majo-
rant, si cela est possible suivant l'usage en
pareil cas; profitant du bruit qu'a fait cette
grève, exploitée comme cas de force majeure.

Alors il va en découler que tous les produits nécessaires à la vie vont être augmentés, d'autant plus que tous les intermédiaires entre le producteur et le consommateur vont ajouter un tant pour cent proportionnel pour leur bénéfice.

De même le propriétaire dont l'immeuble est bâti depuis un siècle, va aussi augmenter ses loyers en raison de ce que la construction coûte plus cher actuellement ; de sorte que le résultat final sera que l'ouvrier aura obtenu une augmentation de dix pour cent, sur son salaire. Mais que toutes les choses nécessaires à la vie ont augmenté de quinze pour cent !...

Autres conséquences encore : comme les autres pays plus ou moins voisins, aujourd'hui, les distances ne se comptent plus. N'ayant pas les mêmes charges, et, surtout, la même organisation économique sociale, on a vu qu'à Londres les mêmes objets nécessaires à la vie coûtaient un tiers moins cher qu'à Paris, il va en résulter que produisant à meilleur compte que nous, ils vont venir nous faire concurrence par les prix, chez nous-mêmes, et par l'exportation.

En France, suivant que cela se pratique on demandera et obtiendra très facilement des droits protecteurs.

Mais, quant à l'exportation, on en connaît

les résultats, les portes nous en sont de plus en plus fermées.

Voilà le résultat des grèves en général ! Toujours le contre-coup retombe sur le travailleur, par l'augmentation des objets nécessaires à la vie.

Et par la rareté du travail, qui fait qu'il se produit plus d'offres de bras que de demandes conduit à ce fait d'actualité, que l'ouvrier, à cinquante ans, est jeté sur le pavé par l'employeur, qui, pouvant choisir à son gré, ne veut employer, à tort ou à raison, que des jeunes !

Autres conséquences terribles, c'est que, par le temps qui passe, où, tout est si cher ! il existe des corporations qui emploient des *milliers* d'ouvriers travaillant aux pièces, à domicile, dont la rémunération n'excède pas *vingt-cinq centimes* de *l'heure*, en travaillant très sérieusement !... Sans tenir compte du temps perdu pour chômage et livraison du travail.

XI

Comment les négociants et industriels ne paient pas d'impôts et trouvent bénéfice à être fortement taxés.

Maintenant que nous avons examiné la grève et ses effets, nous revenons à notre sujet.

Pourquoi l'ouvrier économe est-il astreint à tant de privations, même des choses les plus utiles à la vie ? La raison est que tous les produits de l'alimentation sont d'un prix trop élevé. Et la raison majeure en est que, comme nous l'avons dit en passant, c'est qu'il y a des articles de première nécessité qui sont d'abord triplées de leur valeur première par l'*impôt* de *douane*, puis ensuite plus que quadruplés par les bénéfices que prélèvent les négociants et les détaillants, sur ce même *impôt*, en outre du bénéfice calculé sur le prix d'*achat* de la marchandise elle-même !

Et de cette autre raison que tout négociant et industriel, quels qu'ils soient (nous entendons parler des maisons d'une certaine importance). Qui de ce fait ont une sorte de monopole ; parce qu'elles établissent les cours de leurs marchandises à peu près librement.

Toutes ces maisons parmi lesquelles on peut classer les premières de Paris. Telles que le Louvre, le Bon Marché, Potin, etc., etc. Et, toutes les grosses et moyennes industries. Ne *paient* pas un centime d'impôt !... autres que ceux de leur consommation personnelle ; comme un simple particulier.

Tout le contraire d'avoir beaucoup à payer, comme on le croit, généralement. Elles trouvent d'autant plus de bénéfice, finalement, qu'elles ont eu à verser des sommes plus importantes entre les mains de M. le percepteur, suivant que nous le démontrerons dans la suite.

C'est pour cela que nous disons qu'en France, par notre système d'application d'impôts et charges publiques, tout est organisé au profit du riche ! Tout contribue à grossir la fortune de celui qui en possède déjà, et en sens inverse, pour celui qui n'en a pas.

Il suffit d'avoir un bon noyau, pour qu'il fasse boule de neige, à peu près seul.

Tandis que le petit commerçant est écrasé

par toutes les charges d'impôts directs ou indirects, qu'il doit subir, ne faisant pas la loi comme les grosses maisons qui établissent les cours et font répercuter leurs charges sur leurs produits commerciaux, ou industriels.

Les petits subissent les lois qui les tuent par la concurrence que peuvent leur faire les grosses maisons tant par le prestige que par les prix inférieurs. Étant grevés d'impôts formidables relativement, tandis que leurs concurrents n'en *paient pas du tout* ! au contraire.

XII

De l'impossibilité aux travailleurs de sortir de leur situation précaire.

Maintenant si nous prenons le travailleur, nous trouvons que la difficulté est encore bien plus grande ! Pour cette raison que celui-ci subit toutes les charges depuis la conscription, charge énorme !... qui ne peut être comparée avec la même supportée par le riche, pour cette raison, que cinq francs dans la poche d'un simple travailleur ont plus de valeur que mille francs dans la poche d'un millionnaire !

Et qu'à son retour après libération, le riche se retrouvera dans tout son bien-être; il n'a perdu que du temps de jouissance que lui procure la fortune.

Tandis que le premier rentrant dans sa famille où il trouvera la misère augmentée certainement du fait de son absence, puisqu'il a perdu deux années de travail de la force de l'âge. Et à son arrivée il se trouvera sans emploi et souvent sans vêtements. Il peut rester quelque temps encore à la charge du père de famille, d'autant plus qu'il rentre à l'entrée de l'hiver. La charge est-elle égale pour les deux pour le pauvre comme pour le riche?...

Mais s'il s'agit de charges indirectes supportées par les produits de l'alimentation. En supposant même qu'elles fussent égales pour tous, ce qui n'est pas. Mais admettant cette supposition pour un moment, est-il juste que le travailleur subisse cette charge dans les mêmes proportions que les riches négociants et industriels, qui réalisent annuellement plusieurs centaines de mille francs de bénéfice!... Non certes! ...

Et pourtant il en est ainsi! Et malgré cela on s'étonne que l'ouvrier n'amasse pas de quoi vivre dans ses vieux jours! Mais comment pourrait-il le faire?... On l'exploite de toutes les manières; en le rationnant par le salaire, premièrement. Ensuite on lui retire par un moyen indirect cinquante pour cent de ce qu'on lui a donné pour rémunération de son travail dont une partie sert à former des bénéfices aux riches négociants et industriels!...

On pourra répondre que c'est ainsi pour tout le monde; mais nous l'avons déjà démon-

tré à propos des propriétaires vivant sur leurs
terres qui ne supportent, de ce fait, aucuns des
impôts indirects sur l'alimentation. Mais en
fût-il ainsi que le fait serait encore inaccep-
table étant souverainement injuste ! Car, si
chaque membre de la grande famille française
doit, du fait de l'association naturellement con-
tractée, une part contributive pour l'entretien
de la sécurité sociale, et pour l'administration.
Chaque membre ne peut et ne doit y contri-
buer que dans la mesure de ses forces et
moyens, ce qui est tout naturel ! Et proportionnellement avec la jouissance et protection qu'il est en droit d'en attendre !...

Osera-t-on dire que le négociant et industriel qui réalise chaque année des centaines de
mille francs de bénéfice, ne doit pas plus à
l'État pour sa quote-part que son garçon de
magasin ou le plus simple ouvrier de son industrie ??...

Et pourtant il en est ainsi : grâce au joli
système dont nous sommes dotés, qui est le
système des impôts indirects à répétition et
répercussion. Système, nous l'avons dit, tout
entier, et spécialement organisé au profit du
riche !...

· Il est donc, de fait, parfaitement démontré
qu'il est de toute impossibilité au travailleur
de sortir de son état précaire. Et que par là,

il est voué à la misère et souffrance perpétuelle et à l'exploitation par le capitaliste, et l'homme politique, tant qu'il n'aura pas exigé la suppression de cet état de choses, qui est la cause première de son état de servitude. Puisque, comme nous l'avons déjà dit, il n'y a d'indépendance possible que quand il y a provision d'alimentation pour que la machine puisse fonctionner un certain temps sans être obligé d'implorer l'aide du capitaliste qui est l'ennemi !...

XIII

Conséquence de notre mauvaise organisation au point de vue de l'exportation.

Les conséquences de cette mauvaise organisation dans la répartition des charges, se repercutent sur des intérêts beaucoup plus sérieux encore, qu'on ne peut se le représenter à première pensée.

La production par l'agrandissement de nos industries et le développement des moyens par la mécanique, demande naturellement des moyens d'écoulement en rapport avec cette surproduction. Nos industriels en sont déjà arrivés actuellement à se faire une guerre acharnée, pour pouvoir se maintenir avec les seules ressources qu'offre la France. Mais le moment est proche, sinon déjà arrivé où ce moyen d'écoulement ne sera plus suffisant pour absorber la production. Alors qu'arrivera-t-il ?...

. . . .

Nous allons signaler ce que nous avons pu constater dans nos nombreux voyages, à l'étranger. Et les réflexions que nos observations nous ont suscitées.

Nous avons, nous Français, le défaut de ne regarder que chez nous, de nous considérer toujours comme la première nation du monde. Restant aussi sur cette pensée que tout l'univers est tributaire de notre industrie ; qu'aucune nation ne saurait produire comme nous certains articles qui sont de notre spécialité, et que toujours, quoi qu'il en puisse être, l'étranger devra donner la préférence à nos articles en raison de leur cachet particulier.

Et nous nous endormons tranquillement sur cette conviction! Et laissons faire autour de nous l'Europe qui nous sape par la base, en prenant nos meilleurs ouvriers et créant des industries similaires aux nôtres. Et en livrant à l'exportation à de bien meilleures conditions de prix que nous le faisons. Ce qui était bon à pratiquer il y a cinquante ans ne vaut plus rien aujourd'hui. Croire que le progrès ne s'est pas fait sentir ailleurs que chez nous est une erreur profonde !... Le progrès industriel s'est développé chez des peuples qui n'en avaient pas la moindre notion à cette époque.

Ceux mêmes qui étaient nos tributaires les plus sérieux sont devenus nos concurrents sur

le marché étranger et même chez nous ! A
preuve, l'Amérique du Nord.

Jusqu'en 1875 les États-Unis d'Amérique
étaient à peu près tributaires de la France pour
tous les articles peaux et cuirs ouvrés. Aujour-
d'hui, c'est eux qui nous importent une grande
partie de ce que nous employons. Et plus particulièrement les peaux pour chaussures, tra-
vaillées au chrome, et grande quantité de chaus.
sures de bonne fabrication ! Outre les magasins que l'on peut voir à Paris, il existe des
dépositaires qui font voyager la province.

Quant aux machines-outils et machines
agricoles, on sait qu'elles sont nos maîtres ! Et
qu'elles nous sont imposées sans discussion
possible tant comme prix que comme fabrication.

Pourtant, dans les États de New-York, Chicago et Saint-Louis qui sont les États impor-
tateurs au premier degré. L'ouvrier cordon-
nier gagne de douze à seize francs par jour,
et c'est l'ouvrier le moins payé. Les mécani-
ciens gagnent de quinze à vingt-cinq francs.

A chaque fois que nous avons eu occasion
de parler de cela devant des hommes que nous
supposions intelligents et raisonnant, nous
avons été fort surpris de la réponse qui nous
fut faite à peu près invariablement. Oui... dans
ces pays-là l'ouvrier est payé très cher relati-

vement à la France. Mais aussi tous les objets
utiles à la vie y sont d'un prix proportionnel,
ce qui fait que le résultat final est le même.

Cette réponse est premièrement un non-sens
parfait! Car comment pourrait-on établir des
articles différents de première nécessité, con-
currençant les nôtres, malgré les droits protecteurs, si tout y était hors de prix?... Puis,
personne ne devrait ignorer que nous sommes
tributaires de l'Amérique pour quantités d'articles indispensables tel que le *blé*, qu'ils peuvent vendre à *huit francs l'hectolitre*, tandis
qu'en France il se vend *dix-huit francs*! La
viande de toute sorte y est à vil prix! Puisqu'on abat le gros bétail pour l'exploiter industriellement. Et que nous la taxons à l'entrée en France, non compris les octrois des
villes, à cinquante centimes par kilogramme,
toujours sous le prétexte de protection à l'*agriculture*. Puis le coton, la laine, le café, le thé,
le cacao, etc., etc., nous viennent d'Amérique.

Après y avoir réfléchi peut-on dire que
tout y est hors de prix ??... Puisque les
matières premières indispensables à notre
industrie, tel le coton et la laine, nous viennent de ce pays.

La main-d'œuvre seule y est élevée, mais il
y a compensation pour l'industrie, par le peu
d'impôts à payer, et tout est là! Pas d'impôts

indirects se multipliant par la répercussion, pas de dette formidable ! nécessitant, comme en France, un milliard d'intérêts à payer annuellement. Pas de légions de budgétivores détenteurs de sinécures, créées pour récompenser des services politiques et grassement rétribués (1) !...

(1) Ne voulant pas être taxé de critiquer sans fondement, à propos de notre citation des sinécures, nous allons très brièvement citer une preuve authentique.

En janvier 1888, M. Soulette, conducteur des ponts et chaussées à Châteauroux, fut nommé à Paris, directeur du bureau central des chemins vicinaux de France (création). M. Soulette était un homme très intelligent et remuant.

Au mois d'août suivant, ayant rencontré ce monsieur à Paris, après déjeuner, il nous invita à visiter son bureau au ministère de l'Intérieur, place Beauveau : bureau magnifiquement meublé, digne en tout point de la maison.

Voilà, dit-il, où je viens passer le temps dont je ne sais que faire, car j'attends encore à savoir ce que sera mon emploi ; je viens ici, quand bon me semble, lire mon journal ou autre, mais sans le moindre but utile !

Alors !... Et les appointements ? lui demandons-nous... Oh !... répondit-il, ils sont les mêmes qu'à Châteauroux, 2.400 francs. Comme nous protestons contre cette déclaration, connaissant notre homme, il ajouta : Voilà la vérité, je ne touche bien que 200 francs par mois affecté à mon emploi de chef de bureau des chemins vicinaux, mais je

Plus, un nombre incalculable de fonctionnaires employés à la perception des impôts,
d'autant plus nombreux qu'ils sont perçus
par une infinité de moyens tortueux et dissimulés !... Et qui absorbe en frais un quart
de ce qui est perçu.

Et, tout le haut commerce et industrie qui,
ici, ne paient rien ! Au contraire ! Prélèvent
une forte dîme sur ce qu'ils sont censés payer.
Tandis que les impôts qu'ils paient là-bas
sont payés directement, sur le revenu, ou sur
le capital sans répercussions multiples sur
les produits de l'industrie et du commerce,
comme cela a lieu ici.

touche de trois autres sources différentes, comme
directeur, contrôleur et inspecteur de ceci, et de
cela (et nous cita bien les noms, que nous avons
oubliés).

Mais je vous avoue, dit-il, que j'ignore complètement l'existence de ces fonctions !... Ce qu'il y a
de certain, c'est que je touche les mandats qui
me sont remis régulièrement, ce qui porte mes
appointements à 6.000 francs annuellement. Voilà
donc l'explication des dires que les employés des
ministères sont très peu rétribués...

A cette époque nous étions sur le point de
partir pour l'Amérique, nous ne savons ce qu'est
devenu le bureau central des chemins vicinaux, et
son directeur.

Mais, c'était plus de sept mois après sa nomination.

Malgré cela, nous ne voulons rien voir, et ne pas, par conséquent rechercher les raisons et causes qui en sont le point de départ.

Chaque fois qu'une industrie nationale s'est trouvée concurrencée même chez nous ; sans en étudier la cause première, qui eût été le vrai moyen pour lutter, s'il y avait eu possibilité. Mais MM. les industriels intéressés, sans plus se préoccuper, n'ont trouvé qu'un remède, qui consistait à demander au pouvoir gouvernemental une taxe de protection à l'entrée de ces produits. Ce qui, toujours, est accordé, avec la plus grande facilité ! Tant par ignorance, que par défaut de raisonnement.

Et puis, nos législateurs et gouvernants sont toujours heureux qu'il leur soit offert un moyen de créer de nouveaux impôts, surtout indirects ! Ils s'empressent d'accepter ces sortes de propositions, sous prétexte de protection à notre industrie !...

Mais en résumé ce n'est que l'équilibre du budget qu'ils visent ; et la satisfaction à donner aux demandeurs qui sont des notables !...

Il en résulte que d'un article à un autre, on en vient à avoir des droits protecteurs sur tout ! dont les conséquences seront, premièrement, l'augmentation du prix de ces produits, non concurrencés chez nous, jusqu'à ce que l'étranger y trouve bénéfice à nouveau.

Augmentation qui sera, de tout le droit de protection plus les bénéfices que prélèveront les intermédiaires sur ce même droit devenu impôt indirect. Alors nos industriels ayant obtenu satisfaction à leur demande, vont retomber dans leur apathie ordinaire, travailler et produire avec les vieux moyens et systèmes. Et continueront de prélever suivant l'usage des bénéfices de vingt-cinq à trente pour cent brut, sans plus s'occuper de ce qui se fait, à l'étranger. Les commissionnaires ne demanderont plus cet article pour l'exportation, qui sera fourni maintenant par les concurrents hors barrières, mais les industriels ne s'en préoccupent pas, la France suffit quant à présent pour absorber les produits de la fabrication, l'usage s'en étant développé considérablement ; alors tranquillement ils s'endorment sur leur victoire momentanée, comme l'autruche qui se cache la tête pour ne voir le danger, qui les menace dans l'avenir, on se dit autre temps, autres choses nouvelles ! Qui vivra verra !...

. . . .

Mais le moment ne s'est pas fait longtemps attendre, où, il faut voir l'étranger exempt d'impôts énormes comme nous, et surtout de ces impôts qui se multiplient en se transformant en bénéfice pour les négociants entre les mains desquels ils passent et s'augmentent d'autant pour arriver à être payés en totalité par le consommateur.

L'étranger, disons-nous, a perfectionné encore ses moyens de production, peut livrer en France vu l'augmentation et malgré les droits protecteurs à plus bas prix que nous.

De plus comme l'industrie était prospère, il a été créé de nouvelles maisons en France, de sorte que, après avoir longtemps sommeillé il faut se remuer, et activement encore. La concurrence est à l'intérieur et nous vient aussi de l'extérieur.

Quant à l'exportation, nous l'avons négligée dans le moment, où les droits protecteurs produisaient tout leur effet. Elle ne nous connaît plus maintenant, pour cet article et n'attend plus rien de nous. Les Anglais, Allemands et Américains ont pris notre place.

XIV

Comment nos industriels trouvent moyen de faire retomber sur les travailleurs les effets de leur imprévoyance.

Alors comme nous nous sommes isolés volontairement en nous enfermant dans un cercle de fer, par la protection des droits de douane, nous n'avons plus qu'un moyen pour exister, c'est de lutter à outrance ! Entre nous Français !... Alors, c'est à qui va imaginer un moyen de concurrencer son voisin, soit en produisant moins bon, mais caché sous les apparences, ce qui permettra de tromper le consommateur. Mais, bah ! il y reviendra plus souvent, les affaires n'en seront que meilleures !

La première pensée, comme toujours, avait bien été la réduction des salaires, mais, agir tout d'un coup brutalement cela aurait pu susciter une grève. On a trouvé d'autres moyens pour arriver au même but. Et même beaucoup plus avantageusement !... Lequel moyen consiste dans la division du travail; une pièce qui était faite par un seul ouvrier passera à l'avenir par quatre mains. Et même des femmes pourront y prendre part, double avantage puisque ces dernières travaillent à moitié prix des hommes ; et puis on sera beaucoup plus maître de la situation puisqu'on aura quatre ouvriers au lieu d'un pour exécuter la même pièce.

Diviser pour gouverner, dit-on, c'est le bon moyen ! De cette manière de faire, les prix des façons vont être sérieusement abaissés, sans que l'on puisse y rien voir. Puis, encore deux parties sur quatre pourront s'exécuter au dehors, ce qui offrira encore un avantage important, en raison de ce que l'ouvrier aimant à être libre, acceptera des prix de façon bien inférieurs à ceux qu'il faudrait faire, à l'atelier, la journée n'étant que de onze heures, tandis que travaillant à son domicile, l'ouvrier fera quinze à dix-huit heures s'il le faut pour parfaire sa journée au chiffre qui lui est indispensable, au besoin il fera travailler les enfants avec lui...

Voici à peu près le tableau de la situation de l'industrie française, vis-à-vis de l'ouvrier. Comme on le voit c'est toujours lui qui subit

le contre-coup des maladresses que commettent
nos gouvernants, législateurs et industriels,
sans que tous ces auteurs du mal aient le
moindrement à en souffrir...

On a épuisé toutes les ressources pour soutenir la concurrence entre Français. Ici, où la
production est forcément limitée, de sorte
qu'il n'y a plus qu'à lutter par la production
à bas prix, que l'on cherche à obtenir par la
réduction de la main-d'œuvre. Et la mauvaise
qualité des matières premières, cachées sous
des apparences trompeuses, qui sont un véritable piège pour le consommateur, qui est,
naturellement, pour le plus grand nombre le
travailleur qui lui, a forcément recours au
bon marché, ces ressources ne lui permettant
pas le choix.

XV

Les mauvais effets de la production à outrance.

A force d'avoir voulu nous protéger par les droits de douane sur les produits venant de l'étranger. Afin d'ajourner ce qui devait arriver. Les autres nations en sont venues à nous rendre la réciprocité vis-à-vis des nôtres, de façon que nous nous trouvons actuellement isolés chez nous. Et que non seulement nous ne faisons presque plus d'exportation. Mais ces mêmes pays où nous exportions nos produits n'attendent plus rien de nous. Et sont en position de nous importer ces mêmes produits malgré nos droits protecteurs !

Au lieu que nos industriels fassent appel à l'État pour les protéger par des droits prohibitifs qui nous ont fait fermer les marchés par réciprocité où nous écoulions grand nombre de nos produits. Et de s'endormir ainsi, ayant

obtenu momentanément d'éloigner la concurrence, ils auraient mieux fait de rechercher la
cause du mal en se posant cette question :
sommes-nous donc moins intelligents que nos
voisins pour ne pas pouvoir établir au moins
à prix égal!... Et d'accepter la lutte comme
l'ont fait et le font encore les Anglais, par
des moyens de production intelligents; et en
faisant les affaires en véritables négociants
comme cela se pratique chez nos voisins
d'outre-Manche et d'ailleurs ! Se contentant
pour les affaires importantes d'un modique
bénéfice couvrant les frais généraux et l'intérêt de l'argent employé. Et par ce moyen
entretenir nos bonnes relations commerciales
à l'étranger, et par l'exportation pour laquelle
nous avions toutes les faveurs ! Entretenir et
même augmenter notre marine marchande
qui périclite, malgré les primes d'encouragement payées par l'État qui viennent encore
s'ajouter aux charges qui tuent notre industrie par l'augmentation des impôts, qui par
conséquent vont absolument contre le but
qu'on veut atteindre. Il en est des primes à la
marine comme de l'aumône à celui qui tend
la main. On entretient la misère, mais on ne
la détruit pas !...

XVI

Don de 150 millions à la marine marchande.

Les Chambres ont voté en 1902 150 millions pour venir en aide à la marine marchande; qui ont été absorbés en très peu de temps, et un nouveau projet mis à l'étude vingt mois après pour augmenter le crédit reconnu bien insuffisant ! Nous ignorons quel en a été le résultat final. Cela nous importe peu, n'ayant pour but de parler que du principe qui est toujours le même ! Bizarre !... Mais encore plus triste !... On va comme toujours prendre dans la poche des malheureux travailleurs, fonctionnaires et petits rentiers pour donner aux riches compagnies maritimes dont les administrateurs sont si grassement rétribués ! Et fournir des bénéfices aux actionnaires de ces compagnies qui sont naturellement des riches !...

Et, pourquoi donner des primes d'encoura-

gement à la marine marchande? Puisque tous
les articles de première nécessité qu'elle pourrait rapporter des pays étrangers, sont taxés
d'impôts absolument *prohibitifs* à leur entrée
en France, que pourrait-elle bien nous rapporter ? qui nous soit utile ?...

Cette question du don de cent cinquante
millions votés allègrement par nos Chambres
en 1902, et reprise vingt mois après pour la
compléter par un nouveau vote de millions,
nous engage à faire un rapprochement bien
suggestif ! Depuis quarante ans on agite aux
Chambres la question de retraite aux travailleurs, sans pouvoir aboutir; en raison que
l'on ne peut trouver les millions nécessaires.
Mais s'agit-il de doter de riches compagnies
sous prétexte d'encouragement, car il faut
bien un prétexte ! Il en est comme de l'augmentation de leur traitement nos bons législateurs n'hésitent pas un moment. Ils trouvent
facilement tous les millions nécessaires !...

Mais du fait de toutes ces charges, retombant indirectement sur tous les produits de
l'industrie poussent à la suppression de plus
en plus complète de notre exportation. Alors...
ces grands navires machands n'auront bientôt
plus pour but unique, que de se promener
sur les mers pour figurer, et aux frais des
malheureux contribuables qui ne s'en doutent

pas !... Car tout s'enchaîne en économie politique.

Mais tous ces moyens, que l'on pourrait
qualifier d'enfantins, tant ils paraissent peu
raisonnés, ne peuvent que précipiter la ruine
qui nous guette, par une révolution terrible !
dont l'histoire n'a pas d'exemple !...

Car jeter de la poudre aux yeux des intéressés pour leur faire croire que tout est
pour le mieux ! Et permettant aux capitalistes
de grossir continuellement leurs immenses
fortunes, grâce à cette organisation toute à
leur profit.

Et d'autre part, flatter les travailleurs par
de fausses illusions de toutes sortes, complé-
tées par le faux socialisme à la Jaurès et
compagnie !

Mais tous ces châteaux de cartes sont certainement à la veille de s'écrouler, par la
force des choses mêmes !...

Le travail devenant de plus en plus rare du
fait de l'introduction des produits manufac-
rés venant de l'étranger : alors !... que feront
nos travailleurs !... Ils le pressentent déjà ;
sans en bien raisonner les causes et les conséquences. Puisque, en 1906, lors de la grève
projetée, à partir du 1er mai, pour la journée de huit heures, et le repos hebdomadaire,
nous trouvant au milieu d'un groupe d'ou-

vriers du bâtiment à qui nous posâmes cette
question : Est-ce que vous allez faire grève à
partir du 1er mai ?... Oui, nous répondirent-ils.
Mais, ajoutions-nous, depuis plusieurs mois
que nous vous observons, vous n'avez jamais
cessé de travailler, fêtes et dimanches ?... Oui,
dirent-ils, nous, jeunes, nous ne manquons
pas de travail, mais ce que nous ferons, ce
sera par esprit de solidarité, car les ouvriers
arrivés à la cinquantaine, personne n'en veut
plus dans les chantiers et ateliers !... Alors, avec
la journée de huit heures et le repos hebdomadaire, il y aura du travail pour tout le
monde !...

Certainement ce raisonnement a du bon à
un certain point de vue. Mais en résultat
final ce serait l'aggravation du mal. Puisque
les produits de l'industrie s'augmenteraient
de prix dans les mêmes proportions. Et que
l'exportation nous serait de plus en plus fermée. Et nos portes ouvertes toutes grandes
aux produits de l'étranger !...

Mais l'ouvrier à qui on ne tient que de
faux raisonnements, que l'on berce de rêves
utopiques irréalisables, ne peut pas voir les
conséquences vraies des grèves et autres
moyens violents. Il ne peut voir qu'une chose
c'est que l'employeur est l'ennemi. Et que lui
souffre et veut améliorer sa situation. Et alors

pour y arriver, il ne connaît qu'un moyen puisqu'on lui dissimule la vérité autant qu'on le peut. Il juge avec le raisonnement qu'on lui a enseigné... Et ne peut employer que la force !

.   .   .   .

Il n'y a qu'un moyen qui puisse être réellement efficace, c'est de prendre les choses par la base, abandonner le vieux système erroné et repartir sur un pied nouveau, suivant que nous l'indiquerons dans la suite.

XVII

Étude dans nos longs voyages à l'étranger.

Ayant fait d'importants voyages à l'étranger et de notre nature assez observateur, nous avons réellement souffert d'être obligé de constater que notre belle patrie, la France ! qui aurait pu, et devrait être la première nation de l'univers ! à tous les points de vue, et surtout au point de vue commercial.

Si elle avait été administrée, et guidée par des hommes plus compétents, et plus dévoués aux intérêts nationaux, au lieu d'être des hommes purement politiques ne recherchant que les honneurs du pouvoir, et les faveurs qu'il procure. Et la fortune personnelle !... Si, mieux inspirés, ils s'étaient occupés d'économies dans l'administration sociale. Et de la répartition plus équitable des charges publiques. Provoquant des lois économiques;

faisant des réformes justifiées et bien étu-
diées, nous ne serions pas où nous en
sommes !... Bien loin de là, nous pourrions
jouir dans toute son étendue de la bonne
réputation qui nous était acquise à l'étranger
d'un peuple grand, généreux, libéral, mar-
chant à la tête de la civilisation, des arts et
des sciences !...

Au lieu de cela, où en sommes-nous !...
Réduits à lutter entre nous industriellement,
et avec l'étranger qui peut nous y venir concurrencer ! tout en nous enlevant aussi l'exportation où nous devrions primer sans
peine, vu la faveur du nom de Français, et de
la bonne réputation acquise depuis des
siècles aux produits de notre industrie !...

. . . .

Quand, bien des fois, nous adressant à nos
nationaux, à l'étranger, à la République Ar-
gentine, au Chili, aux Indes Anglaises et hol-
landaises, dans l'île de Java et au Brésil, nous
disions à ces négociants français : comment se
fait-il, que vous ne teniez pas les produits
Français ?...

« Ah !... s'exclamaient-ils, ce serait avec
« le plus grand plaisir, même par patrio-
« tisme, en payant un peu plus cher à qualité
« égale. D'autant plus que les produits fran-
« çais, rien que par la marque, seraient pré-

« férés de nos acheteurs. Mais, la différence
« du prix est trop grande !...

« Malgré toute notre bonne volonté à faire
« primer les produits de la France, il faudrait
« encore pouvoir réussir !... Et ce n'est pas le
« cas, tout est contre nous. Les négociants
« français ne veulent en aucune manière nous
« seconder ! Pour pouvoir acheter en France
« il faut avoir fortune faite, car il faut avant
« tout, quelle que soit la fortune que nous ayons
« ici, consigner une somme dans une maison
« de Paris, qui nous servira d'intermédiaire,
« soit commissionnaire ou banquier, à qui
« il faudra payer une commission impor-
« tante !... Avec bien des chances de ne pas
« être servi à notre gré, et souvent obligé
« d'emmagasiner des articles qui ne sont
« pas de notre vente, car on ne se gêne pas
« pour nous envoyer des rossignols, sachant
« qu'étant payés nous ne pouvons les refu-
« ser.

« Et comme vous le savez, loin d'avoir du
« crédit il faut que nos fournisseurs soient
« couverts avant même d'accepter les com-
« mandes.

« Tandis que les Allemands, les Anglais et
« Américains du Nord, ont ici des comptoirs
« ou dépôts de toutes sortes de marchandises
« que nous pouvons prendre à nos besoins,

« choisir sur place ce qui convient à notre
« vente en payant moins cher ! Et avec tout le
« crédit que nous pouvons désirer ! Les Alle-
« mands surtout nous font jusqu'à neuf mois
« de crédit !

« Voyez maintenant, ajoutaient-ils, si nous
« pouvons, par patriotisme, accorder la préfé-
« rence aux produits français ! »

Que pouvions-nous répondre à de pareils
arguments !... Nous n'avions absolument qu'à
nous incliner.

Dans notre dernier séjour au Brésil à Para-
Belem. Là, où nous avons constaté le plus
d'enthousiasme pour la France, dans ce pays-
là, tous les gens qui ont reçu une certaine
instruction parlent le français. Nous y avons
connu quantité de négociants indigènes,
rêvant de fortune faite pour aller habiter la
France. C'est aussi là où nous avons entendu
de la bouche d'un négociant brésilien : Mais...
la France, dit-il, c'est la capitale de l'univers !!...

XVIII

Deux ans à Para-Belem. Entretien avec un sénateur brésilien.

Malheureusement la France travailleuse ne tire à peu près aucun profit de ce bel enthousiasme. Le commerce pour nous y est à peu près nul ; sauf quelques objets d'alimentation tels que le beurre, le fromage, un peu de chocolat Menier, les vins de Bordeaux et de Champagne, les liqueurs de marque et les eaux-de-vie dites de Cognac, le reste est absolument sans importance.

Aussi, aucun navire français ne remonte jamais le Rio-Amazone. Pendant deux années que nous avons séjourné dans ce pays, nous n'avons jamais vu le drapeau français flotter sur un bateau quelconque. Rien que des Anglais, Allemands et Italiens.

Dans un entretien que nous eûmes, avec un armateur et sénateur brésilien (nommé M. Marques-Brague), à propos des droits de douane que nous disions être prohibitifs pour les produits français, il s'agissait des articles de mode et de soierie qui sont taxés à 100 p. 100 de leur valeur.

La réponse nous cloua, absolument, sans réplique possible.

Ah !... dit le sénateur, vous tombez vraiment bien, vous Français, à venir vous plaindre de nos droits de douane à votre égard !... Nous sommes bien loin de vous traiter comme vous le faites ; pour nos produits qui ne sont que des articles de première nécessité.

Tandis que les vôtres n'ont absolument aucune raison d'être chez nous. N'étant que des articles de haut luxe en usage seulement chez les grandes dames et les prostituées de haute volée !

Vous devez comprendre que ces articles ne nous intéressent que fort peu, à quelque point de vue que l'on puisse se placer et pourtant ils ne sont taxés que de 100 p. 100 de leurs valeurs.

Tandis que nous, les produits que nous vous exportons qui ne sont que du café, du cacao et caoutchouc, et encore ce dernier produit vous parvient par l'Angleterre. Mais pour le café, vous nous taxez de plus de deux fois sa valeur marchande. Puisque actuellement le café dans les ports français se vend de 75 à 80 francs le 100 kilogrammes Et vous prélevez un droit d'entrée de 156 francs par 100 kilogrammes. Et le cacao plus de 120 p. 100.

Vous voyez, continua-t-il, nous sommes bien loin de vous traiter comme vous le faites !

L'Angleterre que vous nous reprochez plus particulièrement de traiter mieux que vous, cela est vrai.... Mais, nous lui faisons cependant supporter un droit pour les articles similaires aux vôtres de 25 p. 100. Mais je vous avoue que c'est avec regret ; notre situation financière nous y oblige. Mais nous serions heureux de pouvoir supprimer tous les droits, pour les produits qui nous viennent de ce pays.

Non parce que nous avons de grandes sympathies pour la nation anglaise, ce serait plutôt le contraire, vous le savez ! Relativement à la France !... Mais nous sommes obligés de mettre les sentiments un peu de côté quand il s'agit spécialement de la question pratique au point de vue financier.

Nous, nous vivons de nos relations commerciales avec l'Angleterre. Et la France avec son système protectionniste nous ferait mourir de misère.

Pour la raison que tous nos produits rentrent en franchise en Angleterre, même jusqu'à notre sucre que les colonies anglaises produisent comme nous, de même que les cafés. Tandis qu'en France vous avez pour ces articles des droits d'entrée absolument prohibitifs ! !...

Allons, défendez-vous donc ! s'exclama-t-il.

Nous étions fort empêché. Qu'aurions-nous pu répondre ?...

Nous avons exposé et fait ressortir, aussi clairement que cela nous a été possible, les mauvais effets produits par notre affreux système d'impôts indirects. Nous avons montré les mauvais effets par répercussion sur notre exportation qui va toujours en décroissant !

Nous avons été obligé à beaucoup de redites, nous le reconnaissons. Peut-être aurait-on pu mieux faire ; mais la question est très aride aussi à traiter, étant peu connue, et très difficile à exposer clairement, et aussi difficile à en saisir tous les effets. Et puis, on dit que plus il faut frapper sur un clou pour l'enfoncer, plus solidement il pénètre.

Il nous reste à démontrer par l'exposé de la pratique comment il se fait que les impôts indirects se multiplient, pour arriver à augmenter en moyenne de plus d'un tiers ; ce qui fait que le budget établi est d'environ quatre milliards et se trouve payé par les contribuables, par les moyens en usage. Indirectement, par plus de six milliards !...

Non compris les frais de perception qui sont à peu près d'un milliard.

Nous expliquerons aussi comment il se fait que les négociants et industriels ne paient pas d'impôts directs, et comment ils trouvent bénéfice à être taxés très fortement ; quant aux tarifs de douanes et octrois, tout le monde peut se renseigner sur ce point, en consultant les tarifs spéciaux.

XIX

Étude sur l'agriculture au point de vue de la protection qui lui est faite.

Nous croyons utile d'étudier la question agricole d'une manière particulière aussi, en raison de la vaste protection qui lui est accordée par les droits de douane sur tous les objets de première nécessité sous le titre de droits protecteurs de l'agriculture, toujours sous forme d'impôts indirects à payer par le consommateur.

Parmi tous ces impôts dits de protection, il en est certainement qui pourraient prêter à rire, si ce n'était pas aussi triste, par la pratique; en l'envisageant au point de vue réel ; et des effets qu'ils sont appelés à produire.

Nous voulons parler de ceux qui sont appliqués aux blés, viandes et sucres.

Pour les sucres, les droits d'entrée dits

protecteurs (il serait bien plus simple de dire prohibitifs) sont de 60 à 97 centimes par kilo. Ce qui fait que le sucre de canne nous est totalement interdit !...

Pour le sucre indigène, ou de betterave, l'impôt est de 25 centimes par kilo, ce qui naturellement l'augmente d'autant, plus les bénéfices que prélèvent sur cette taxe les négociants et les raffineurs entre les mains desquels il passe. Ce qui fait que le sucre qui vaut actuellement sortant des sucreries 25 à 27 centimes le kilo nous arrive à la consommation à 70 et 80 centimes. Il est bien facile de comprendre que si l'État voulait protéger réellement l'agriculture, il proposerait aux Chambres la suppression de cet impôt sur le sucre, qui est de l'importance exactement de la matière imposée. Alors, la protection serait réellement efficace à tous les points de vue ; en fournissant d'abord à la petite agriculture le moyen de faire des économies sur la consommation. Et que la production s'en accroîtrait très considérablement ! Attendu que, outre la suppression de l'impôt de 25 centimes par kilo, disparaîtraient en même temps les bénéfices prélevés sur cet impôt par les intermédiaires, alors nous pourrions voir le sucre vendu en France à 30 et 35 centimes le kilo. La culture de la betterave serait certainement doublée, de là des bras à occuper pour cette culture, sucreries et raffineries.

Le désir d'exposer tout ce qui se rapporte aux charges indirectes que nous supportons nous entraîne, non seulement à critiquer le système actuel, mais à passer en revue les considérants qui ont pu nécessiter, ou non, ces lois protectrices de l'agriculture.

Et même faire un retour en arrière pour établir, comment ces mêmes propriétaires devenus législateurs ont agi directement, vis-à-vis de ceux, qu'ils affectent de tant aimer aujourd'hui !

Il nous semble aussi utile de rechercher si cet impôt qui grève l'article le plus essentiel de la vie, le pain, produit l'effet que l'on doit attendre ; et si réellement cet impôt est institué pour protéger le travailleur agricole ; et s'il va bien à son but. On sait que tous les ans nous sommes dans l'obligation de recevoir de l'étranger plusieurs millions d'hectolitres de *blé*. Ce n'est pas là une question d'article de fantaisie, que l'on peut remplacer par un autre ! Non ; là il s'agit de vie ou de mort ! Il faut du pain...

Et cependant, il est perçu sur cet aliment absolument indispensable ! sept francs par cent kilos de blé rentrant en France, ce qui en élève le cours d'autant d'une manière générale. Au point de vue philosophique cet impôt sur le blé est un crime affreux ! car, c'est d'une manière directe faire souffrir et mourir de faim des quantités de malheureux qui ont tant de peine à s'en procurer !...

Nous ne parlons que de l'impôt sur le blé, mais il serait bien plus simple de dire sur tous les objets rentrant dans l'alimentation, et consommation indispensable, car c'est ainsi ! Et sur tout ce qui est, de la production de la grande culture.

On voit par là que nos bons législateurs, tous plus ou moins propriétaires terriens, n'ont pas négligé leurs intérêts !

Par contre, il est facile de voir qu'en imposant tous les objets indispensables à la vie, qu'ils ont pour but unique, ou tout au moins essentiel, de tenir le travailleur dans la gêne et la misère !

Et, ce qui démontre bien cette volonté bien arrêtée, c'est que, si tous les articles utiles aux petits sont imposés fortement. En revanche, tous les articles de luxe en sont exempts et tout ce qui sert à leur fabrication. Telles, les plumes d'autruche et autres du même genre, pour *parure*. La pelleterie de toute sorte pour vêtements de luxe. La soie en cocons ou grège, les cheveux, le corail, l'ivoire, l'écaille de tortue, la nacre de perles, etc., etc., même les perles fines et les diamants.

A noter particulièrement le caoutchouc et la gutta-percha dont il est fait un si grand usage actuellement, pour article de haut luxe ! Mais, cela ne se mange pas... n'est pas utile aux petits... c'est bien différent ! !...

Ceci dit nous revenons à notre sujet, l'agriculture. Puis dans tous les cas si cette protection qui lui est accordée ne servait pas qu'aux propriétaires terriens, elle ne profiterait toutefois qu'aux fermiers, et non aux travailleurs de la terre. Et si les fermiers sont intéressants à certains points de vue... ce ne sont pas des nécessiteux ! Loin de là. Un fermier agricole n'est qu'un entrepreneur comme un autre ! qui doit posséder pour faire l'entreprise de l'exploitation d'une ferme de moyenne importance soit d'une étendue de terre de deux à trois cents hectares, au moins quarante à cinquante mille francs ; à moins qu'il ne soit attaché à cette ferme un important cheptel, ce qui réduirait la somme nécessaire de dix à quinze mille francs.

Et nous affirmons que le métier d'agriculteur, avec le capital nécessaire, est le plus rémunérateur de tous les métiers ! Relativement au chiffre d'affaires. Puisqu'il est établi d'une manière générale par les exploitants qu'une ferme doit produire trois fois l'importance de son loyer ; soit dans le Centre, six mille francs pour une ferme de deux cent cinquante hectares environ. Ce sera donc dix-huit mille francs, au bas mot ! qu'ils répartissent ainsi, par tiers, loyer, exploitation et bénéfice net.

Nous défions qui que ce soit de nous prouver qu'il existe beaucoup d'industriels faisant dix-huit mille francs d'affaires annuellement et réalisant six mille francs de bénéfice net !

Et chacun sait que les agriculteurs ne sont pas des gens traîtres à leur corps... Mais en fût-il autrement, que, dans une société, et sous un gouvernement dit républicain, il ne devrait pas y avoir des privilégiés et des maudits ; que deux tiers de cette société soient obligés de souffrir de toutes les privations imaginables ! Et surtout des objets indispensables à la vie tel que le pain et la viande, pour permettre à l'autre tiers de vivre grassement et s'enrichir !...

. . . .

Il est d'usage général de toujours parler aux Chambres de protection à l'agriculture Le plus ignorant des bavards et prétentieux peut toujours parler en sa faveur, et sera écouté, il pourra proposer de faire une loi défendant de tuer les crapauds, taupes et mulots, comme utiles à l'agriculture ; elle sera votée sans discussion et on nommera des surveillants spéciaux doublés d'inspecteurs, de suite !

Pourtant, nous avons souvenance d'un échec qui nous a bien surpris ! Il y a quelques années, un député socialiste, M. Debussy, avait déposé un projet de loi demandant l'élévation des droits à l'entrée sur la viande venant de l'étranger ; ce bon *socialiste* trouvait sans doute que ses électeurs vivaient trop grassement, il voulait leur rogner la portion.

Mais le ministre de l'Agriculture de l'époque lui répondit d'un ton narquois, que lui, loin d'être socialiste, était conservateur, mais que comme tel il trouvait que les droits protecteurs étaient bien suffisants !... Et que la viande était suffisamment chère comme cela !

Alors, ce bon socialiste honteux et confus retirait sa proposition.

XX

Réponse à la campagne menée à propos du manque de bras à l'agriculture.

Il est aussi de mode actuelle de dire que les bras manquent à l'agriculture... Nous, nous affirmons le contraire, c'est que le travail manque aux ouvriers des champs ! Et cela est facile à démontrer. Aujourd'hui, toutes les terres sont défrichées et alors faciles à travailler et les machines remplaçant les hommes et exécutant mieux et rapidement. En voici le résultat comparé.

Autrefois une ferme de trois à quatre charrues occupait vingt-cinq à trente hommes annuellement. On mettait deux hommes par charrue, il n'en faut plus qu'un seul. Pour le battage des grains, il y avait une douzaine d'hommes occupés depuis le mois de septembre jusqu'à fin avril, quoique la récolte était de moitié moins importante qu'aujourd'hui.

Tandis que maintenant l'entrepreneur de battage vient avec une équipe de quatorze à quinze hommes et toute la récolte est battue, nettoyée, rangée, paille et grains, en quatre ou six jours. Et tous les petits cultivateurs emploient ce même moyen en se groupant au village où l'entrepreneur exécute le travail pour tous, à tant de l'hectolitre. Ils trouvent cela plus avantageux que de le faire par l'ancien système, et eux-mêmes.

Quant aux labours, nous avons dit qu'il ne nécessitent que la moitié du personnel employé autrefois et produisent beaucoup plus, l'outillage étant perfectionné et s'il s'agit de terre à défricher qu'il aurait fallu quatre façons de labours, une seule suffit. Avec un bon coup d'extirpateur le travail est parfait.

S'agit-il de semer les grains, on a des machines semeuses qui font mieux que la main et économisent du grain. Mais elles ne sont pas généralement employées à cause de leur prix élevé et qu'il en faudrait plusieurs pour arriver à faire le travail en temps utile. Et qu'un bon semeur produit presque autant qu'une machine à blé.

Mais il n'en est pas de même pour semer les betteraves, où il fallait deux hommes ou femmes par rang, l'un faisait un petit trou et y déposait trois à quatre graines et le deuxième mettait un peu d'engrais spécial et refermait le trou sur la graine.

Tandis qu'avec la machine spéciale traînée par un cheval et un seul homme, elle fait douze et quatorze rangs à la fois, déposant à distance régulière le grain et l'engrais, dans un petit sillon qu'elle creuse spécialement, la terre retombant d'elle-même après que la semence y a été déposée la recouvre. Puis un léger coup de rouleau pour appuyer la terre sur la graine. Et le travail qui aurait nécessité vingt-huit personnes, est fait avec un seul homme, et plus rapidement.

Quand arrive le temps des fauchailles des prairies artificielles ou naturelles, on a des faucheuses traînées par un cheval qui font du travail comme *dix* faucheurs à bras. Puis les faneuses et râteleuses mécaniques, de sorte qu'il n'est besoin d'hommes que pour charger le foin sur les voitures.

Tandis qu'autrefois il fallait un nombreux personnel pour faucher et faner.

Il en est de même pour la culture des pommes de terre, tout se fait à la charrue et la herse. Le binage seul des betteraves se fait à la main, pour cette raison qu'il faut en même temps faire l'éclaircissement ou espacement des sujets. Mais la deuxième façon se fait aussi par un buttage à la charrue de même que l'arrachage.

Nous arrivons maintenant à la saison la plus sérieuse du travail des champs, c'est la moisson. Autrefois une ferme de trois à quatre charrues occupait trente à quarante moissonneurs, et la moisson durait six semaines.

Plus tard quand est venu l'usage de couper les blés à la *faux*, il suffisait alors de douze faucheurs et la moisson se faisait en trois semaines. Mais il fallait avec ces faucheurs douze javeleurs. C'était donc vingt-quatre personnes occupées pendant trois semaines. Aujourd'hui, tout ce travail est fait en une dizaine de jours suivant que l'on emploie une ou deux moissonneuses mécaniques, traînées par deux chevaux, et un seul homme pour conduire chaque machine, une moissonneuse fait autant de travail que vingt hommes.

Donc suppression de tout travail manuel, sauf le ramassage des gerbes pour les rentrer.

Voilà donc étudié tout le travail qui s'effectue dans une ferme depuis les labours, les ensemencements, les fauchailles, la moisson, et le battage des grains. On peut donc voir que la presque totalité du travail se fait mécaniquement. Et que de ce fait il reste au moins les quatre cinquièmes des bras occupés autrefois aux travaux d'agriculture !...

En outre des travaux décrits ci-dessus, les agriculteurs occupent fort peu de monde ! En hiver seulement, ils occupent quelques hommes pour l'enlèvement des fumiers dans les bergeries, et pour quelques petits travaux de terrassements indispensables.

La journée, dans le Centre, se paye depuis le 1er novembre au 1er mars un franc cinquante non nourri, et du 1er mars au 1er mai, deux francs.

Est-il possible, après cette démonstration absolument *exacte*, de soutenir que les travailleurs manquent pour les travaux des champs ! Tandis que c'est tout à fait le contraire ! Les ouvriers de la terre sont obligés d'émigrer à la ville par défaut de travail, leur permettant de vivre à la campagne !...

Toute cette déclamation aux Chambres à ce propos de manque de bras, pour les travaux des champs, n'est donc encore que du battage en faveur des propriétaires terriens, qui leur réussit si bien ! sachant qu'ils parlent devant quatre-vingt pour cent d'ignorants des choses de l'agriculture.

On dit aussi que l'agriculture est la mamelle de la France ; c'était bon autrefois ce dire-là, avant les moyens de transports en usage.

L'Angleterre qui fait très peu de culture relativement ; la vie y est de cinquante pour cent moins chère qu'en France !

Ils ne récoltent pas de sucre, et ils le paient quarante centimes le kilo. Et nous qui le récoltons, nous le payons soixante-quinze et quatre-vingt centimes. Alors le lait de cette mamelle est bien amer pour les petits, qui sont obligés de tout acheter !...

Les prix étant surélevés de par la volonté de notre gouvernement républicain !... au profit de riches propriétaires terriens : que pourrait-il bien en être, si nous n'étions pas sous un régime d'égalité ??...

Et pourtant nos législateurs ne doivent pas l'ignorer, que tout le bénéfice de ces lois dites de protection rentre dans la poche du riche seulement, comme toujours ! par les moyens que nous allons expliquer.

XXI

Comment le propriétaire terrien bénéficie à peu près seul de la protection à l'agriculture.

M. Méline, père d'à peu près toutes ces lois, doit être grand propriétaire terrien, ainsi que ceux qui l'ont appuyé de leurs votes. Si tous ces propriétaires, dont font partie la majorité de nos législateurs passés et présents, avaient désiré le bien des travailleurs agricoles il ne tenait qu'à eux d'y parvenir... Au lieu qu'ils ont toujours fait le contraire! même en agissant contre leurs propres intérêts... Mais il est juste de dire qu'ils poursuivaient deux lièvres à la fois, ce qui, contrairement au proverbe, leur a très bien réussi.

C'est à partir de 1850, que l'agriculture a pris son grand développement par la vulgarisation des instruments de labours, et autres machines aidées par la vapeur; ainsi que

la découverte et l'emploi du guano du Pérou,
et autres engrais naturels et artificiels. Ainsi
que l'importation de différents fourrages artificiels qui permirent de tirer bien meilleur
produit de la terre, par l'élevage et l'engrais-
sement du bétail qui était impraticable dans
beaucoup de contrées de la France.

A partir de ce moment les propriétaires ne
voulurent plus faire de longs baux à leurs
fermiers, spéculant sur les progrès agricoles
pour faire subir des augmentations de fermage à chaque renouvellement de bail...
C'était aussi le moment où les grandes compagnies de chemins de fer, d'assurances et
charbonnages se développèrent. Alors les propriétaires terriens n'eurent plus qu'un but,
tirer le plus possible de leurs propriétés, au
lieu d'en favoriser le développement en aidant
leurs fermiers par des prêts d'argent qui leur
auraient été si nécessaires pour profiter du
mouvement en avant qui se faisait si rapidement, et que beaucoup ne purent pas suivre...
Et aussi par des améliorations de construc-
tions nécessaires.

Mais non, toute leur attention était ailleurs!

Il fallait épuiser la propriété par tous les
moyens possibles pour placer à gros revenus
sur les grandes compagnies qui du reste leur
a bien réussi. C'est ainsi que l'on a vu des

actions émises à mille francs, monter en
très peu de temps à quatre et cinq mille francs
et celles des assurances de mille monter à
trente et quarante mille francs et de même
des compagnies houillères.

Mais l'agriculture souffrait, et le fermier ne
pouvait profiter des avantages que le développement lui offrait, végétait au lieu d'améliorer sa situation pécuniaire comme il l'aurait pu faire, s'il avait été secondé par son
propriétaire, qui pourtant y était bien intéressé. Mais au lieu de l'aider il le pressurait
de son mieux !...

Au lieu d'être heureux de le voir marcher
largement, il était satisfait qu'il ne pût arriver à payer son loyer pour le faire exproprier
et le remplacer avec augmentation de prix !

On sait que le propriétaire est privilégié
toujours, comme créancier, et qu'il n'en est
donné aux autres que quand il a pris tout ce
qu'il peut prendre !...

Cette faveur de la loi pour le propriétaire
est même une cause de la souffrance de certains fermiers pour cette raison qu'ils ne peuvent emprunter, car, en cas de gêne, tout appartient d'abord au propriétaire !

On voit que, comme toujours, nos bons législateurs propriétaires ont toujours soigné
leurs propres intérêts... d'abord !...

Depuis ce temps, cette mauvaise habitude de faire des baux de neuf et douze années a été à peu près maintenue. Au lieu qu'il serait nécessaire de les faire de vingt-cinq ou trente années, pour le bien général.

Ceux qui n'ont jamais fait d'agriculture ne peuvent comprendre cette obligation-là. Mais, en voici la raison : Un fermier rentrant dans une propriété a besoin de plusieurs années pour étudier la qualité des terres, et en organiser l'assolement.

De plus, la grande culture se fait par division de l'étendue de terre, appelée en terme de métier rayage, qui se compose d'ensemencements différents, qui se répètent toutes les quatre années, afin d'utiliser d'une manière complète les engrais employés à l'augmentation du sol, qui se composent, pour la première année, avec tout l'amendement aussi large que possible, du blé. Pour la deuxième, sans adjonction d'engrais, d'avoine, puis, pour la troisième année, de prairie artificielle. Pour revenir ensuite au blé, souvent précédé d'une culture de betteraves ou autres, qui n'absorbent pas les mêmes sels que le blé ne font qu'en préparer la terre avantageusement.

Comme le moyen de récolter beaucoup est de, tout en remuant fortement la terre, et en temps utile, l'amender le plus possible !...

Mais comme cela exige de grandes dépenses d'argent, temps et peine. Et qu'après avoir employé un certain nombre d'années à améliorer ; il faut le temps nécessaire, assuré, pour retrouver le fruit de tout son labeur et prodigalité... C'est pour cela qu'il faut de longs baux qui permettent aux laboureurs de travailler, avec confiance, courage et fruit !...

En principe, il faudrait que le cultivateur fût en même temps propriétaire du sol qu'il cultive; afin qu'il n'y ait pas, comme cela a toujours été, deux intérêts opposés.

Après le court exposé, que nous avons cru utile de faire, afin de bien faire comprendre au lecteur que nos critiques ont bien leur raison d'être, et ne sont nullement dictées par la haine, ni de parti pris. N'ayant qu'un but, celui d'obtenir plus d'égalité dans la répartition des charges.

Il est bien facile de comprendre que le propriétaire en refusant de traiter par un bail de longue durée avec le cultivateur de sa terre, le tient absolument dans la gêne, la dépendance. Et l'état voisin de la misère !...

Il est donc mal venu, lui, propriétaire, à venir implorer aux Chambres des lois de protection pour le travailleur intéressant, mais pour lequel il ne veut rien faire personnellement.

Les raisons que nous avons fait connaître existent toujours. C'est grâce à ce moyen que l'impôt dit de protection à l'agriculture qui est établi pour maintenir le prix du blé en France a un taux élevé, afin qu'il soit rémunérateur à celui qui le produit... Ne produit en résumé de bénéfice réel qu'au propriétaire, qui l'encaisse annuellement, par l'augmentation du prix du fermage de sa propriété qu'il a imposée aussitôt qu'il lui a été possible, c'est-à-dire au renouvellement du bail qui a suivi le vote de la loi créant cet impôt.

Nous pourrions même citer un propriétaire entre beaucoup d'autres ; et les arguments employés par ce propriétaire auprès de son fermier, qui est notre parent, pour lui imposer six cent francs d'augmentation annuels en raison de cette taxe votée pour maintenir, suivant son dire, le prix de l'hectolitre de blé à *dix-huit francs* prix minimum, le prix du loyer qui était de six mille deux cents francs a été porté à six mille huit cents francs...

Voilà donc encore une fois démontré, il nous semble, où vont les impôts indirects, une faible part dans la caisse de l'État, celle perçue sur les céréales rentrant en France, et pour la totalité de la récolte, dans la caisse des propriétaires terriens. Mais prélevés comme tous les autres dans la poche du mal-

heureux travailleur qui n'y comprend rien !...
Mais qui tous les jours, pour cela, est obligé
de se priver lui et ses enfants du strict nécessaire. Et bi... heureux encore, quand le pain,
lui-même, ne .... pas défaut !

Il est bien certain, néanmoins, que le cultivateur fermier protesterait de toutes ses
forces, si on proposait de supprimer cette loi,
sans compensation ; qui lui assure la vente de
son blé au prix élevé actuel.

Cela est bien naturel. Le propriétaire ayant
exploité cette loi à son profit en élevant le prix
du loyer proportionnellement et en employant
l'argument du plus fort. Disant ceci à son
fermier : Voici qu'une loi a été votée, vous
assurant la vente de votre blé à un prix très
rémunérateur. La valeur de ma propriété s'en
augmente d'autant, puisque par cette *loi*,
un rendement plus élevé est assuré. Je veux
en conséquence, aussi moi, augmenter mon
revenu ! Alors au renouvellement du bail je
veux une augmentation de tant du loyer. Si
cela ne vous convient pas, j'en serai bien
fâché. Mais je vais afficher ma ferme à louer !

Le malheureux fermier est bien obligé de
céder. Ailleurs comme ici, se dit-il, il faudra
subir cette augmentation de prix de plus ou
de moins.... Et ici, se dit-il encore, j'ai des
intérêts engagés, je connais la propriété...

j'y ai fait de grandes améliorations cultu-
rales !... Abandonner tout cela, c'est encore
une perte considérable ! Peut-être pour ne
pas trouver mieux ailleurs, que faire ?...
Ah !... Il le sait bien le propriétaire que je
suis obligé d'accepter. Ayant tant amélioré
ses terres, je ne puis en faire le sacrifice.
Mais c'est lui qui aura la plus grosse part du
bénéfice que j'aurais pu réaliser.

XXII

Explication de la répercussion des impôts des négociants et industriels sur les objets de consommation.

Nous allons étudier maintenant très brièvement le moyen que les négociants emploient eux aussi pour ne pas payer d'impôts directs et trouvent bénéfice à être fortement taxés et comment ils font passer toutes ces charges sur le dos du consommateur qui ne s'en doute pas, et ne peut s'en défendre puisque tous emploient le même procédé.

Tous les négociants ont la même manière de faire, la seule différence réside dans le total du bénéfice à prélever, s'il s'agit de maisons vendant en détail, ou ne faisant que le gros, les maisons de gros prélèvent généralement 10 p. 100 net, et celles de détails genre Louvre et Bon Marché 25 à 30 p. 100.

L'explication à donner est bien simple, et la

même pour tous les commerçants. Chacun d'eux recevant de la marchandise ajoute au prix d'achat ce qu'il appelle les frais généraux dans lesquels sont compris les impôts de toutes sortes. Et même un tant p. 100 pour l'imprévu. Après cela il fait l'addition, et sur le produit formant total il ajoute le bénéfice soit 10 p. 100 pour le gros, et 25 p. 100 pour le détail.

Alors, cette opération du tant p. 100 étant faite sur le total y compris les impôts, il en résulte donc, que, non seulement, ce négociant ne paie pas d'impôts directs, mais trouve bénéfice à être fortement taxé puisqu'il multiplie le tant p. 100 de bénéfice sur ses impôts, comme sur la marchandise, ses impôts augmentant son chiffre d'affaires grossissent d'autant son bénéfice total !

Lors de la campagne menée contre les grands magasins qui a eu pour solution une augmentation de l'impôt des patentes calculée sur le personnel employé, ces grands magasins n'ont nullement protesté. Cela ne pouvait beaucoup les toucher.

Mais aussitôt que la loi fut votée, avant même qu'elle ne fût appliquée tous les chefs de rayons de ces grands magasins furent appelés au bureau de la direction où, l'ordre leur fut donné de se préparer à ajouter, à partir du premier du mois suivant *deux pour cent* aux prix de toutes les marchandises existantes et rentrantes en magasin en raison du nou-vel impôt.

La taxe nouvelle ne prenait cours que deux mois après, elle n'était même pas de 1/2 p. 100 ! mais on ajoutait *deux* ! donc, béné-fice de suite, et plus important pour l'avenir.

Alors, satisfaction est donnée aux législa-teurs ignorants, et au bon public, qui croit que, enfin ! ces riches magasins vont avoir à payer une forte somme de contributions, qui les grèvera à juste titre et accorde pour ce fait un bon point aux législateurs.

Donc on portera à M. le percepteur une forte somme prélevée sur les consommateurs qui l'auront versée en plus en achetant la marchandise de ces grands magasins, qui for-ment un monopole.

Et dont le résultat final sera un bénéfice supérieur pour les négociants de 1 1/2 p. 100 de l'augmentation qui leur a été appliquée puisqu'elle se chiffre par 1/2 et l'on a ajouté 2 p. 100.

S'il s'agit d'un industriel, la manière d'opé-rer est exactement la même.

Nous prendrons pour base l'entretien que nous eûmes il y a quelques années avec un important industriel d'Angers, qui se plai-

gnait à nous d'avoir de gros impôts à payer !
Comme nous lui répondîmes qu'il s'adressait
mal, pour la raison que nous savions bien
qu'il n'en payait pas du tout ! A moins, ajoutions-nous, que vous n'opériez pas comme le
font tous les autres industriels ?... Il s'em-
porta, et nous fit présenter ses feuilles de con-
tribution, par son caissier, dont le total s'élevait en effet à plus de *onze mille francs.*

Mais il se rendit bientôt à l'évidence, quand
nous lui eûmes démontré comment il opérait
pour établir son prix de revient, des articles
de sa fabrication, qui était ainsi fait : détail
des matières premières, frais généraux, qui se
composent de frais de maison, employés, frais
de voyage et imprévu, puis les impôts, patente
et autres, le tout formant un total de 18 p. 100
de l'article fabriqué et additionné avec les
matières premières et les façons sur lequel
total il ajoutait, en prélèvement, son bénéfice
de 10 p. 100 (net) soit sur le chiffre d'impôt
onze mille francs, à 10 p. 100 onze cents
francs !

Alors, il a été obligé de reconnaître qu'au
lieu de payer des impôts pour la somme de
onze mille francs, il se trouvait onze cents
francs de bénéfice sur ce même impôt dont il
n'était que l'intermédiaire entre ceux qui le
paient réellement et M. le percepteur, mais

encore, que cet impôt va de plus s'accroître
des charges, qui y seront ajoutées par les
autres intermédiaires entre les mains desquels passeront ces articles pour arriver au
consommateur !...

Les choses se passent exactement comme
avec les compagnies de chemins de fer,
moins la convention *écrite*, tandis qu'entre
les négociants et l'État la convention est *tacite*.

Toutes les compagnies de chemins de fer
français perçoivent, sur le prix des billets
des voyageurs, 5, 15 et 25 p. 100 du prix des
places, comme impôt. Et sur les lettres de
voiture de la petite vitesse 10 centimes d'enregistrement plus 70 centimes d'impôt, ce qui
fait 90 centimes par lettre de voiture quelle que
soit l'importance du transport; toute la différence, aux yeux des contribuables, doit être
qu'ils ignorent l'importance de ce qu'ils paient
par la voie du commerce ; tandis que par les
compagnies de transports, ils savent qu'ils
ne paient que ce qui est convenu !... On lit,
sur les feuilles de voiture : perçu en compte
avec l'*État*.

Voilà donc comment il se fait, que non seulement les industriels et négociants ne paient
pas d'impôts directs... mais qu'ils trouvent,
comme nous l'avons dit, bénéfice à être fortement taxés !...

Et tous les produits de notre industrie et commerce subissent les mêmes opérations dans chacune des mains dans lesquelles ils passent avant que d'arriver aux consommateurs... s'augmentent donc de toutes les charges que chacun d'eux est censé supporter. Et on sait que certains articles ou ce qui les compose passent dans quantités de mains...

Ce qui établit bien clairement d'où nous vient notre infériorité vis-à-vis des autres nations, qui n'ont pas comme nous le système *vicieux* qui élève le prix de nos produits industriels de manière à ne pouvoir lutter avec elles !... Malgré que nos travailleurs soient moins rémunérés, à beaucoup près !... Et plus miséreux étant écrasés par les impôts de nos négociants et industriels, qui, outre ceux spéciaux, deviennent tous indirects ! Et payés par les consommateurs, qui, parmi eux, sont en plus grand nombre, les travailleurs !...

XXIII

Ce que le consommateur paye d'impôt, par le café et autres produits équatoriaux.

Nous avons dit aussi que des articles de première nécessité, qui nous viennent des pays équatoriaux, sont grevés des droits de douane de plusieurs fois leur valeur, tels sont le café qui paye par 100 kilos *cent cinquante-six francs*, le thé 208 francs, le poivre 208 francs, le cacao 104 francs, etc.

En outre de ces droits que l'on peut qualifier d'exorbitants, pour des articles très utiles et même indispensables, sont encore grevés des bénéfices prélevés par les négociants entre les mains desquels ils passent, que l'on peut évaluer à trois en moyenne avant d'arriver aux consommateurs. Nous n'entendons parler que des bénéfices prélevés sur l'impôt à l'entrée!... Sans parler du bénéfice commercial, prélevé sur la marchandise.

Nous prendrons pour exemple d'opération
le café, afin d'avoir à peu près une moyenne,
étant moins imposé que le thé et le poivre et
plus que le cacao.

Ainsi, si nous prenons 100 kilos de café
ayant été achetés au Havre à 80 francs. Le
droit acquitté étant de 156 francs. Supposant
qu'il passera dans trois mains, avant que
d'arriver à la consommation, si chacun de
ces trois négociants ont prélevé un bénéfice
de 15 p. 100 y compris leurs frais généraux,
seulement sur le droit payé de 156 francs, il
sera donc augmenté par le premier de 23 fr. 40,
par le deuxième de 26 fr. 91 et pour le troisième de 30 fr. 94. Ce qui portera les bénéfices
réunis, prélevés sur l'impôt seulement, à
81 fr. 25, ajouté au droit payé à l'entrée de
156 francs, cela fera 257 fr. 25 que 100 kilos
de café ayant été achetés 80 francs auront eu à
payer d'impôt, par le consommateur, non
compris encore l'octroi des villes ! Et si nous
ajoutons que l'impôt prélevé par la douane
coûte à l'État 20 p. 100, ce sera encore 31 fr. 25
qu'il faut ajouter au total de cet impôt, ce qui
le portera à *deux cent soixante huit francs
quarante-cinq centimes* !...

. . . .

Et pour faire rentrer dans la caisse de l'État
une somme brute de 156 francs qui est le droit

sur l'entrée du café en France, elle aura coûté aux contribuables tant en frais, qu'en bénéfices aux négociants, *cent douze francs quarante-cinq centimes* !...

Et comme on peut le voir par l'aperçu des droits sur les quatre articles cités plus haut, tout est à peu près dans les mêmes conditions.

Maintenant, que l'on se représente la fraude formidable à laquelle poussent ces impôts énormes !... outre la contrebande à l'entrée. Sur le café, par la fabrication artificielle, et par l'incorporation de la chicorée que le consommateur paie comme café.

Et pour le poivre, dans lequel il est introduit 40 à 50 p. 100 de graine de faux poivre qui ressemble au véritable, connu chez les épiciers sous le nom de poivrette, qui ne coûte presque rien, et ne paie de droit d'entrée. Tout cela est vendu aux consommateurs au prix de l'article véritable augmenté de l'impôt, sans qu'il en rentre un centime dans la caisse de l'État.

Et sur le sel, qui est pesé par la régie pour payer le droit de 10 centimes par kilo, aussi sec que possible ! Mais qui en magasin est mouillé autant qu'on le peut faire ! Et additionné d'une matière terreuse qui lui donne sa teinte grise, le prix du sel aux marais, est insignifiant relativement, l'impôt égalant *dix fois ce prix*,

XXIV

L'État ne protège que les riches.

On a vu, par l'article ci-dessus, combien sont grevés de charges d'impôt retombant sur les consommateurs les articles venant de l'étranger. Comment les impôts de douane se multiplient par les bénéfices prélevés par chacun des commerçants entre les mains de qui ils passent.

Il nous reste à établir sur les calculs précédents, ce que nous avons dit et démontré plusieurs fois par le raisonnement. C'est que l'État, par l'effet de ses lois d'impôts indirects, ne protège que les puissants et les riches!... au détriment des faibles et des malheureux! Nous allons le démontrer par des chiffres absolument irréfutables! En nous servant du même article, le café.

Une maison genre Félix Potin, achetant les articles de son commerce, comme cela se pratique, directement aux entrepôts de la douane, n'aura pas à supporter les bénéfices par deux intermédiaires comme cela a lieu pour des détaillants ordinaires, qui passent par le gros et demi-gros. Mais cela, c'est le bénéfice particulier, ordinaire, à celui qui détient de gros capitaux. Mais n'en est pas moins un levier puissant, que nos lois ne tentent pas d'atteindre, qui sert néanmoins à écraser les petits, car il établit déjà, de ce fait, une différence du prix d'achat de 25 fr. 80 sur 80 francs, prix du café, au marché du Havre.

Cette maison pourrait donc déjà se contenter de ce bénéfice, bien supérieur à celui des petites maisons, étant de plus de 32 p. 100 et leur faire une forte concurrence !...

Mais cela n'est encore que peu, relativement ; l'État, par sa loi sur les entrées, lui offre une source de bénéfice d'une bien autre importance !... En effet, cette maison va bien payer le droit de douane de 156 francs, mais ce sera tout ! Tandis que les petits auront à payer les bénéfices que prélèveront les deux intermédiaires, calculés comme sur la marchandise, elle-même, autrement important que sur le prix d'achat !... Opérant sur 156 francs, soit comme nous l'avons établi, pour le premier 23 fr. 40 et le deuxième 26 fr. 91, ce qui va donc élever pour eux le prix de

10

80 fr. 31, supérieur à celui de la maison pré-
citée, si on ajoute encore comme étude seulement, les 25 fr. 60 du premier écart, provenant de l'achat direct, la différence sera
donc en faveur de cette maison de *soixante-
seize francs onze centimes.*

Mais en ne tenant compte que de l'écart
produit par l'impôt, ce qui est le sujet spécial qui nous occupe, il est bien établi que
cette faveur que la loi d'État crée en faveur
des maisons genre Potin leur permet de
ruiner le petit commerce, sans qu'il puisse,
par quelques moyens que ce soit, s'en défendre ! Et quels que soient les impôts spéciaux
qu'on pourrait imaginer pour atteindre ces mai-
sons-là ; la marge est tellement grande qu'elles
pourraient toujours les ajouter aux produits,
comme c'est l'usage, sous dénomination de
frais généraux, qu'elles domineraient néanmoins la situation commerciale, tant par les
prix que par le prestige !

Les petits commerçants ont donc comme
tous les consommateurs *grand intérêt* à la
suppression de cet état de choses qui crée une
terrible inégalité, ne protégeant qu'une classe
et toujours la même ! Les riches négociants
et industriels ! !...

XXV

Ce que disait Louis-Philippe et ce que fait la République.

Louis-Philippe disait : « Pour bien gouverner il faut donner la vie à bon marché. » Son dire s'est bien vérifié, par la révolution de 1847 en province, provoquée par la famine et le 24 février 1848 à Paris.

Sous l'Empire, le gouvernement devait penser de même. Puisque au temps de la guerre de Crimée, qui nous privait des blés du sud de la Russie, le gouvernement, d'accord avec les municipalités, entretenait le pain à un prix inférieur à quarante centimes le kilo par des indemnités payées aux boulangers !...

Le gouvernement de la République actuelle fait tout le contraire !.. Il impose le pain de dix centimes par kilo et la viande de cinquante centimes par kilo. Et de même de tous les objets nécessaires à la vie. Afin d'augmenter les revenus de messieurs les propriétaires terriens.

Heureusement que c'est un gouvernement démocratique et social !! Sans cela, qu'en pourrait-il bien être ??...

Si nous prenons un autre article encore plus indispensable, qui est un produit naturel et français. Le sel, qui, aux marais salants, vaut dix centimes environ le décalitre. Et sur lequel l'État prélève un impôt de *dix centimes par kilo*. Ce qui fait que l'impôt indirect payé par le sel est de plus de *dix fois* la valeur de l'objet imposé !...

La grande Révolution de 1780 a eu pour but essentiel l'abolition de cet impôt qui se nommait la gabelle !...

Suivant que nous l'avons dit, de cet impôt comme de tous ceux qui existaient et que la Révolution avait supprimés, ont été rétablis en changeant seulement les noms.

XXVI

Notre République est un gouvernement d'affameurs.

Est-il possible de dire qu'un gouvernement qui emploie de semblables moyens ; que l'on peut qualifier d'affameurs ! est un gouvernement de bon père de famille ?... Qu'il aime tous ses enfants au même degré ? Et maintient entre eux l'égalité des charges ??....

Non ! Mille fois non !!.. Il fait porter tout le fardeau des charges de l'État, par le plus faible ! Par ses moyens de perception indirecte des impôts dont il semble avoir honte !... Puisqu'il les dissimule autant qu'il est possible de le faire. Et en cherchant à faire croire, que ceux qu'il affame avec tant de cynisme ! sont ses fils préférés : ceux pour lesquels il rêve continuellement d'organisations et d'institu-tions devant faire leur bonheur matériel.... Tandis qu'il fait tout le contraire !.... Ne pro-

tégeant que le fort et le puissant posse--eur
de la fortune !...

Toutes ses lois, comme nous l'avons dit et
démontré par les moyens et résultats eux-
mêmes, n'ont qu'un but, toujours favoriser
l'augmentation de la fortune de celui qui en
possède. Au détriment du malheureux qui
travaille et produit toutes les sources de jouissances, par l'exploitation qu'en fait ce gouvernement de politiciens ! Altérés de puissance
et d'or !...

Tandis que lui ! Le prolétaire, il meurt de
misère et privations !...

. . . .

Nous pourrions nous étendre bien plus longuement sur tout ce système arbitraire, dont
l'usage n'est, quand on l'examine de près, que
mauvaise foi. Et même fourberie ! Ce n'est
plus seulement faire de la politique ; c'est faire
de la malhonnêteté et de la barbarie, en se
cachant sous le voile de l'ignorance exploitée ?
C'est aussi insulter, d'une manière doublement
honteuse, les principes d'humanité, au nom
de la civilisation, quand toute l'organisation
sociale d'un grand pays, qui a l'audace de se
placer à la tête de cette civilisation ; n'ayant
pour but et pratique, que d'exploiter les neuf
dixièmes des membres de cette société, par
des moyens infâmes et adroitement dissimulés.

Afin de procurer et entretenir jouissance, satisfaction et domination de ce dixième de jouisseurs effrénés et sans âmes !

On dit généralement que la France est riche, qu'elle prête à tout l'univers ; cela est facile à comprendre par cette organisation des charges. Il y a en France au moins trente deux millions d'individus, qui triment tous les jours de leur vie, et manquent du strict nécessaire à l'existence. Et cela au profit des six autres millions, qui sont les protégés des lois économiques d'État, qui de ce fait prélèvent les produits du travail et des privations qui sont imposées à ces trente-deux millions de travailleurs pour remplir leurs caisses qui débordent, alors continuellement, et vont se déverser à l'étranger qui jouit particulièrement de toute la confiance de tous ces affameurs légalement autorisés et protégés par l'État.

XXVII

Au sujet d'un projet de loi pour la femme enceinte travaillant en atelier.

Au mois de mars dernier, un député déposait à la chambre un projet de loi tendant à ce que la femme enceinte travaillant en atelier, soit obligée de quitter le travail d'atelier quatre semaines avant son accouchement, et ne puisse le reprendre que quatre semaines après.

Nous ignorons le but exact que vise ce projet de loi vu qu'elle n'a pas encore été développée par son auteur. Mais toutefois elle nous suggère des réflexions profondes et bien tristes qui viennent à l'appui de ce que nous disons (1).

(1) Ce projet de loi a été voté depuis que nous avons écrit ces lignes, à peu près comme nous l'avions prévu.

Faut-il que la misère soit grande... chez les malheureux travailleurs, qui ont à cœur d'arriver à subvenir à leurs besoins matériels, pour que la nécessité se fasse sentir de faire une loi pour que la malheureuse mère puisse prendre huit semaines de repos au moment de ses couches...

En effet triste! Trois fois triste !!! quand on pense que la malheureuse n'a pas le droit, de par le besoin de travailler pour vivre, de s'arrêter le temps matériellement nécessaire pour le besoin de cette nécessité naturelle !

Mais alors ce projet de loi doit nécessairement prévoir, outre l'obligation à l'employeur de conserver la place au travail, au moins huit semaines à l'accouchée. Elle doit aussi comporter une indemnité correspondante au manque de gain durant cette suspension de travail, car il ne suffit pas pour le cas dont il s'agit, d'édicter une loi avec pénalité. Il faut encore la possibilité de la respecter ? Nous pensons bien que son auteur l'a ainsi prévu dans son projet.

Mais avec notre système de perception, il y aura comme toujours, semblant de protection. Mais avec aggravations proportionnelles des charges générales pour tous les travailleurs !

Enfin ! cette loi votée, avec les conséquences

que nous prévoyons indispensables étant sa sanction naturelle...

Mais, nous demandons maintenant qui élèvera l'enfant, après les quatre semaines passées, que la mère aura eu le droit de s'en occuper !....

Car il ne suffit pas de faire des enfants ; il faut encore les élever !... D'après ce que paraît penser ce législateur, la protection de sa loi s'arrête là ; il a considéré, probablement, la femme, comme une machine naturelle à faire des enfants. Et, après elle redevient une machine mécanique propre à produire des bénéfices à la société qui l'exploite !...

Mais l'enfant aussi est une valeur ! Et le législateur le sait bien, et même une très grande valeur!! A bien des points de vue ! Il ne manque pas l'occasion quand elle se présente d'en faire l'apologie vibrante, pour montrer qu'il est un sentimentaliste tout dévoué à la protection de l'enfance !.....

Mais, là s'arrête généralement tous ses efforts. Connaît-il la véritable cause du mal ? Nous l'ignorons. Et hésitons, dans un cas comme dans l'autre, à nous prononcer ; car au fond, il y a crime épouvantable vis-à-vis de la société et de l'humanité !... Qu'une femme, une mère soit privée du droit d'élever son

enfant dé par l'organisation sociale n'est-ce
pas un crime ??...

Aucun être humain, n'oserait priver l'animal
le plus vil d'élever ses petits!... La nature
l'ayant ainsi prévu, elle a donné à la famille
les dons et moyens de remplir cette tâche ! Et
à elle seule !.. Car il ne suffit pas d'employer
les moyens matériels... Il y a une chose, qui
ne se remplace pas vu qu'elle n'a pas d'équivalent, c'est l'amour maternel !!

. . . .

A la femme du travailleur français est
refusée cette jouissance et satisfaction. Elle ne
doit pas avoir d'entrailles de mère ! ! Elle peut
et ne doit être qu'une machine pour qui les
enfants ne sont que source de souffrances, privations et misères !.....

Et l'on se plaint de la dépopulation de la
France ! On paraît travailler à rechercher les
moyens d'y porter remède !

Nous sommes amenés, à propos de cette
réflexion à nous poser cette question. Ah !
mais franchement, tous ces grands penseurs,
écrivains, législateurs, socialistes, et tous ces
grands sentimentalistes, qui, tous les jours,
font dans les réunions spéciales des discours,
tant applaudis, ne connaissent donc rien de
notre organisation ?... de la cause réelle des
souffrances et misères qui tuent quantité

d'enfants avant qu'ils soient nés ? et des milliers qui succombent après la naissance par faute d'avoir le nécessaire. Et surtout les soins d'une mère ! Puis, quantité de ceux qui survivent, qui ne font que des hommes sans valeur morale et corporelle, élevés comme par hasard, sans les soins et l'amour d'une mère : par conséquent sans éducation familiale ni aucun bon principe de morale....

L'instruction qui leur est donnée ensuite à l'école, produit l'effet d'une bonne semence tombée dans un mauvais terrain, non préparé pour la recevoir, ne produira rien de bon, envahi qu'il est déjà par les mauvaises herbes !......

Est-il besoin de s'étendre plus longuement sur les effets désastreux produits par les causes que nous nous efforçons de démontrer ici ?

Non certes ! chacun les connaît ! Les tribunaux nous en fournissent la preuve par les condamnations qu'ils ont à prononcer tous les jours pour des crimes affreux, commis par des enfants de quinze à vingt ans.

XXVIII

Sur les sociétés dites de protection de l'enfance.

On forme des sociétés dites de protection de l'enfance qui procurent, dans les réunions spéciales, l'occasion de faire de belles phrases, et de débiter de beaux discours, qui mettent en évidence certains personnages désœuvrés, à qui cela procure un peu de distraction et leur donne une certaine raison d'être, et popularité... Tel que nous le voyons dans un grand journal du matin au moment où nous écrivons ces lignes. L'Union française pour le sauvetage de l'enfance, avec portraits de M. Deschanel, président, et Mme Charbonnier de la Bédollière, vice-présidente.

Loin de nous la pensée de quoi que ce soit de désobligeant à l'égard de personnes aussi respectables ! Nous avons l'intime conviction qu'elles sont de très bonne foi ! Font, certai-

nement, des sacrifices pécuniairement considérables ! en aumônes et dons, croyant atteindre le but qu'elles poursuivent. Mais... voilà...
Elles ignorent la véritable cause du mal,
croient qu'il n'y a qu'un seul moyen, soulager
individuellement les sujets qui leur sont signa-
lés, par ceux qui les protègent, oubliant que
l'aumône ne fait qu'entretenir la misère ! Que
pour atteindre le but réel, c'est la cause qu'il
faut chercher et travailler à sa destruction.

Mais, si par hasard des réflexions du genre
de celle que nous traitons leur tombent sous
les yeux, elles ne s'y appesantissent pas, les
comprenant à peine, n'étant pas de celles qui
ont formé leur éducation et instruction, n'ayant
pas été à l'école du malheur...

Si, par occasion, elles se trouvaient obligées
de faire une réponse à ces questions, elles
seraient toutes disposées (n'étant pas péné-
trées du sérieux de ces choses-là) à présenter
à peu près celle-ci, que cela peut bien être
vrai, mais que c'est bien loin aller chercher
la cause du mal !... Et qu'enfin il n'y a pas
lieu d'éveiller pour cela des idées de révolution
chez le peuple qui les ignore.

. . . .

Certainement, nous en convenons, il faut
être doué d'un naturel tout spécialement supérieur pour se laisser entraîner à lutter ou-

vertement contre des institutions qui nous sont entièrement favorables, comme l'ont fait MM. Menier père, député de Seine-et-Marne, et Laroche-Joubert, député d'Angoulême.

Certainement, si ces personnes charitables pouvaient être convaincues comme nous le sommes, ayant toujours vécu au milieu de ces victimes de l'exploitation de notre organisation, elles penseraient tout autrement ! Mais les portes de cette école ne leur ont pas été ouvertes, elles n'ont pu apprendre ce qui s'y passe.

XXIX

Sur les misères des femmes travailleuses à Paris.

Certes ! si les hommes ont à souffrir des misères de la vie et de notre organisation sociale, elles sont encore loin d'approcher de celles auxquelles sont assujetties les femmes travailleuses !

En voici un exemple pris entre mille. A la suite d'une grève de coupeurs en chaussures d'une grande maison de la rue de Dunkerque, comme cela arrive toujours en pareil cas, on remplace autant que possible les hommes par des femmes et des machines.

Le travail n'allant pas pour cet article au quartier des Gobelins, à l'époque où se produisit cette grève, quantité de femmes vinrent s'embaucher comme coupeuses à la main et au balancier dans cette maison. Toutes habitaient le quartier de la place et avenue d'Italie. On peut juger du trajet à faire matin et soir à pied, pour gagner de 2 fr. 50 à 3 fr. 50 par jour, la journée commençait à sept heures le matin, en toutes saisons, et finissait à sept heures le soir. Ayant une heure et demie de marche, ces femmes étaient donc obligées de partir de chez elles à cinq heures et demie le matin et de ne rentrer qu'à huit heures et demie le soir, ce qui représente environ douze kilomètres à faire à pied en plus de leur journée de travail. Et presque toutes mères de famille dont plusieurs veuves avec enfants, ne prenant l'omnibus que quand elles y étaient forcées par le mauvais temps ! Comme elles disaient, l'omnibus avec correspondance nous mangerait le quart de notre journée.

Qu'on se représente l'existence de ces femmes obligées d'être quinze heures en dehors de leur domicile !... Et ayant un mari et des enfants à s'occuper et des soins du ménage avant de partir le matin, et le soir il leur fallait préparer les repas pour elle et les enfants, s'occuper des vêtements de chacun d'eux ; et tant de choses utiles dont la femme seule connaît la nécessité.

Qu'on se représente maintenant une de ces femmes en état de gestation, étant obligée de travailler onze heures debout, d'un travail

11

pénible qui était fait précédemment par un homme, lequel était payé de 5 à 6 francs par jour, qui après ces onze heures de travail a encore une heure et demie de marche pour rentrer à son domicile. Et qui l'attend à ce pauvre domicile ?... Le plus souvent sous les toits ! Des enfants qui ont froid et faim, qui, vu l'heure tardive, voudraient bien être couchés, mais le pauvre repas est encore à préparer.

Quand on connaît toutes ces misères de la femme, peut-on s'étonner que la déclaration suivante nous ait été faite :

Une jeune femme de bonne tenue, ayant deux beaux enfants, l'un de trois ans et l'autre de cinq ans, à qui nous adressions des félicitations sur la beauté de ses enfants, surtout à propos du plus jeune, un beau blond ! Elle nous répondit par cette exclamation : « Ah! pourtant s'il est venu celui-là, ce n'est faute que j'aie employé tous les moyens que j'ai pu connaître pour qu'il ne vînt pas. Je me suis rendue bien malade ! Et ça été tout, rien n'y a fait ! Il paraît qu'il n'en était que mieux portant ! En voici la preuve, il a continué. Mais que de pleurs j'ai versés pendant les sept à huit mois que j'ai eu connaissance que je le portais, que de fois j'ai regardé la Seine d'un œil d'envie, en la traversant... Mais, lui répondîmesnous, c'est très mal ! ce que vous dites-là, car c'eût été un double crime qu'il ne vînt pas ! Ah !... Un crime, s'exclama-t-elle, ce qui est un crime, c'est que la femme qui est obligée de travailler ait des enfants ! ou que, ayant des enfants, elle soit obligée de travailler pour les nourrir, le gain de l'homme ne suffisant pas !... Je les aime bien, continua-t-elle, quoiqu'ils soient la cause de bien de la peine et privations de toutes sortes ! Heureusement encore que nous n'avons pas eu de maladie, car alors qu'en serait-il advenu ?... En travaillant et économisant nous arrivons avec tant de peine !... Mais je vous le déclare en toute sincérité si un troisième devait venir je n'y survivrais pas. Mon mari se fâche quand je lui dis cela. Mais c'est ma résolution bien arrêtée !... »

Dans ce même groupe d'ouvrières venant du quartier d'Italie, était une veuve de 34 à 35 ans, brune, assez jolie. Mais ayant l'air toujours fort triste ! Nous avions l'habitude de lui parler au restaurant, où nous nous rencontrions quelquefois au déjeuner. Elle en était venue à nous raconter un peu de son passé. Veuve depuis six ans, elle avait deux filles, l'une de 13 ans était en apprentissage couturière, l'autre 11 ans allait encore à l'école, elle habitait au sixième étage, dans une mansarde et payait 200 francs de loyer. Elle aimait

beaucoup ses filles ! Mais souvent elle pleurait
en parlant d'elles. Pourquoi ? Nous ne saurions
le dire... Elle avait une certaine distinction,
et s'exprimait très bien !...

Un jour parlant de la misère des femmes,
elle nous dit qu'il était impossible qu'une
femme puisse subvenir à ses besoins seule,
surtout quand elle avait des enfants; en ga-
gnant à Paris 2 fr. 50 à 3 francs par jour. Elle
gagnait 3 francs. Pourtant, lui répondîmesnous, vous, vous vous suffisez bien ? Non, dit-
elle en baissant la tête. J'ai un homme qui me
paie mon loyer. J'ai lutté tant que j'ai pu, j'ai
vendu tout ce que j'ai pu vendre avant d'en
arriver là. Je me cache de mes filles le plus
que je peux naturellement. Mais elles peuvent
bien se douter de quelque chose. Je vais chez
lui deux fois par semaine.

Comme nous restions comme interdit par
la surprise que nous causa cette déclaration.
Nous étions encore mal renseigné sur les
souffrances auxquelles sont astreintes les
femmes qui n'ont que leur travail pour vivre.
Nous nous faisions encore l'illusion qu'avec
3 francs par jour de travail, une femme pouvait vivre avec deux enfants; c'était une grave
erreur !... Nous l'avons bien reconnue depuis...

Mais elle, rompant le silence, reprit : Je

vois que cette déclaration vous contrarie, et
que vous me jugez mal ! Mais, détrompez-vous,
je vous assure, et vous pouvez m'en croire,
qu'il n'y a dans ma conduite rien que je puisse
me reprocher. C'est la nécessité qui me pousse,
et non la sensualité... Il est vieux et je ne
l'aime pas. Quand je rentre près de mes filles,
je n'ose plus les embrasser, j'ai honte de moi-
même, et je pleure amèrement en secret. Mais
que faire ?... Il faut bien que je leur donne du
pain, et que je les vêtisse convenablement
pour qu'elles puissent se présenter à l'école et
au travail !... A moins que vous ne trouviez
mieux que je les livre elles-mêmes. Oh ! certainement cela serait facile ! Je le sais bien,
et avantageusement encore. Mais plutôt mourir dix fois que d'en arriver à pareille extré-
mité ! La vie pour nous n'a pas tant de char-
mes... Si j'avais été seule, au lieu d'en être
venue où j'en suis, il y a longtemps que j'en
aurais fini !...

XXX

Sur les misères des femmes en province.

Ce serait une erreur profonde de croire que Paris fait exception pour le surmenage de la femme; qu'il n'en est pas de même dans toutes les villes !...

Et même dans les campagnes. On dit généralement que Paris est un gouffre qui absorbe plus d'existences qu'il n'en produit; et que l'on ne peut compter que sur la province pour augmenter la population de la France; cela peut être vrai. Mais nous avons constaté depuis un grand nombre d'années que la lutte pour la vie est à peu près égale partout, que de plus en plus la femme devient une femme d'atelier, au lieu d'être ce qu'elle devrait être, une femme de foyer ! Et que la population cesse de s'accroître, et décroît en raison de ce que la difficulté de gagner sa vie s'accroît !

Et comment pourrait-il en être autrement ? Puisque de cette difficulté découle des privations de toutes sortes ! Et des nécessités d'efforts, de la part de la femme, qui son absolument contre nature !...

Nous allons citer, comme exemple, seulement deux villes du Centre qui ne sont pas cotées comme villes manufacturières, nous voulons parler de Châteauroux et Bourges. Et nous ne parlons que des manufactures de l'État, afin d'établir d'une manière indiscutable qu'il en est en province comme de Paris, et ce que nous citerons est très facile à contrôler tous les jours.

A Châteauroux, la manufacture des tabacs, qui occupe environ deux mille femmes, à peu près toutes cigarières. Travaillent à la tâche. L'entrée a lieu, en été, à six heures, déjeuner de midi à une heure et demie. Et la sortie le soir à six ou sept heures, suivant le besoin du travail. En hiver l'entrée a lieu à sept heures. Les femmes gagnent, après un apprentissage assez long, de 1 fr. 50 à 3 fr. 50 par jour, suivant l'habileté ou la qualité du travail à exécuter. Le cigare à bas prix étant de qualité inférieure, l'exécution en est bien plus difficile. Et sont moins payés. Alors, comme il se débite beaucoup plus de choix inférieurs, que d'extra-bons, on peut en con-

clure que la moyenne de la journée ne dépasse guère 2 fr. 25.

Grand nombre de ces femmes viennent de
six à huit kilomètres dont voici un aperçu : du
Poinçonnet environ 150 femmes, six kilomètres; de Saint-Maure 100 à 120, six kilomètres;
de Niherne environ 50, huit kilomètres; de
Lille 50, quatre kilomètres; de Déols de 3 à 400,
deux kilomètres, etc., etc...

A Bourges, la fabrique de cartouches occupe aussi environ quatorze cents femmes.
Viennent aussi de toutes les localités envi-
ronnantes. Et dans ces établissements on connaît la rigidité du règlement. Ce n'est pas
l'heure à peu près pour la rentrée; non, c'est
l'heure frappante !... Nous avons été témoin
bien des fois, que des femmes, arrivant au
pas de course, et la porte se fermait à un
mètre de leur nez. Et combien d'autres que
nous avons vu s'arrêter à distance voyant
qu'elles étaient en retard d'un dixième de minute après avoir fait une marche accélérée de
six à huit kilomètres, par la pluie, la neige ou
la chaleur... Étaient obligées de rester à bi-
vouaquer pour attendre l'heure de rentrée de
l'après-déjeuner. Car outre la perte du temps,
il y a punition de l'amende et mise à pied
pour un certain temps pour absence sans per-
mission.

Et comme le produit du travail est toujours insuffisant pour satisfaire à tous les besoins de la vie, on peut se représenter l'état d'esprit et d'humeur de ses mères de famille, habitant loin de la manufacture, obligées d'être levées à quatre heures du matin, et arracher aussi ses pauvres petits enfants du lit, à cette heure matinale, pour les conduire avant de partir chez une gardienne d'enfants, avec leur maigre provision de vivres pour la journée dans un petit panier.

Combien de fois il nous a été donné d'assister à des scènes que l'on peut qualifier de larmoyantes. En voyant de ces femmes portant un tout jeune enfant dans leurs bras, à moitié endormi, tandis que deux autres un peu plus âgés la suivaient à grand'peine en trottinant de toute la force le leurs petites jambes, leurs pieds à demi chaussés et en pleurant, cramponnés de chaque côté de la jupe de leur mère... Mais elle, elle n'a pas le temps de s'apitoyer, elle gronde ferme, en murmurant, l'heure de la rentrée va sonner et la porte de la manufacture va être fermée, dit-elle. Et cette pauvre mère n'a même pas eu le temps d'embrasser ses enfants...

Et quand l'aura-t-elle ?... Jamais ! !...

Le besoin, ce vampire du pauvre de qui la femme est encore bien plus l'esclave que d'homme, ne lui laissera jamais un seul moment de répit ni même de jouissance maternelle! Toute la vie de ces braves travailleuses se passe en lutte continuelle contre le besoin.

Le dimanche est-il arrivé, au lieu de pouvoir jouir d'un peu de repos bien mérité, il faut au contraire redoubler de courage et d'énergie... Il y a tant à faire dans sa pauvre maison, où durant six jours de la semaine elle n'a fait pour ainsi dire que passer.

Le samedi soir elle a fait une lessive du linge indispensable pour la semaine qui va suivre... Et le dimanche il faut être matinal, laver le linge, faire sécher, raccommoder et repasser. Et puis aussi nettoyer plus sérieusement les enfants et la maison, son mari l'aidera bien un peu. Mais, à combien de choses il ne peut mettre la main !...

Bien des fois dans nos études d'observateur nous avons suivi pas à pas de ces braves mères de famille que nous avons vues ne perdant pas une minute ! Profitant du temps nécessaire au séchage du linge pour aller faire quelques provisions indispensables. Nous en avons vu, après avoir fait les emplettes de choses utiles, s'arrêter un moment devant l'étalage d'un pâtissier, faisant un pas pour rentrer, puis, hésitante, et reculant pour con-

sulter le porte-monnaie, puis finalement mur-
murer... Non... Je ne peux pas!... Quelle était
donc la cause de cette lutte mentale, qui se
livrait en elle ?... Il nous a été bien facile de
le constater à son arrivée au logis, où nous
l'avions devancée ; ses enfants, au nombre de
quatre, l'attendaient joyeusement comptant
qu'elle ne les aurait pas oubliés. Mais non,
ce jour-là elle avait dû se priver de cette satisfaction, qui pour cette mère était sa grande
joie du dimanche, offrir une petite friandise
à ses enfants... Il n'y a rien, leur dit-elle d'un
air de vive contrariété... Et chacun se retira
fort désappointé.

Oui... cette mère avait dû faire le sacrifice
de ce grand plaisir par raison d'économie absolument indispensable !...

. . . .

Et voilà pourtant les sujets contre lesquels
nos bons législateurs font chaque jour des
lois spéciales, pour faire augmenter les prix
de tous les objets nécessaires à la vie, sous
prétexte toujours de protection à l'agriculture,
qui, nous l'avons prouvé, ne profitent qu'aux
propriétaires. Tel le dernier vote obtenu comme
toujours en pareil cas !... sans la moindre discussion, en juillet dernier, dans le but de maintenir le prix élevé de la pomme de terre... De
ce tubercule, aliment spécial des travailleurs,

cependant si pauvre !... Puisqu'il contient
90 p. 100 d'eau.

Mais, M. Méline promoteur de cette nouvelle loi ne saurait faire grâce d'un seul objet
d'alimentation... Déjà imposé directement, il
a trouvé une autre voie pour assurer la sécurité de son prix élevé indirectement !

Est-ce là les moyens à employer pour arriver à la repopulation de la France, que d'af-
famer les travailleurs ? ?...

XXX.

Appel à MM. Méline et Debussy.

Nous en avons fini avec les citations, nous avons seulement voulu montrer divers cas, absolument exacts de misères cruelles et cachées....

Si M. Méline, le doux Méline comme on le nomme à la Chambre. D'autres l'ont surnommé Méline pain cher. Cette dernière dénomination lui convient bien mieux que la première, car avoir provoqué des lois qui imposent le pain et tous les objets d'alimentation indispensables aux malheureux !... ne provoque nulle pensée de douceur et bonté à son égard. Ce serait plutôt le contraire !...

Mais, si M. Méline voulait se donner la peine de vérifier, cela lui serait très facile, il n'aurait qu'à se rendre en tenue de travailleur, dans les restaurants avoisinant les grandes usines entre 11 heures et 1 heure au déjeuner, et questionner tous ces travailleurs, il n'aurait que l'embarras du choix !

De même le socialiste Debussy, lui qui trouvant que la viande n'est pas assez chère demandait l'élévation de l'impôt sur cet objet de consommation, il verrait comment ses électeurs se nourrissent et ce qu'ils pensent de l'état de choses social, lui qui a cru devoir se voter quinze mille francs, neuf mille n'étant pas suffisants pour lui permettre de vivre !... Brave socialiste, va !!...

Nous pourrions en dire autant à M. Deschanel comme président de l'Union française pour le sauvetage de l'enfance, ainsi qu'à Mme la vice-présidente, venez donc questionner ces honnêtes travailleurs, vous pourrez étudier sur le vif, où est la source du mal que vous tentez de guérir !...

Vous pourrez reconnaître avec nous qu'il n'y a qu'un moyen d'y parvenir, qui est de laisser l'enfant à sa mère ! Et la mère aux charges qui lui incombent par nature ! Celle d'être mère de famille, de n'avoir à s'occuper que des soins du ménage et de l'éducation de ses enfants. Elle les aimera davantage, et le nombre s'en accroîtra. D'autant plus, qu'au lieu que la gêne et la misère, à tous les points de vue, règnent au foyer, ce sera une douce aisance moralisatrice qui en prendra la place. Au profit de la société tout entière !...

Le moyen vous paraîtrait-il impossible ?... Vous n'avez qu'à voir aux États-Unis d'Amérique chez nos concurrents pour les produits industriels et d'alimentation. Là, la femme travaille en atelier jusqu'à son mariage. Mais en se mariant le mari sait qu'il prend une compagne pour tenir son intérieur et élever les enfants qui leur viendront. Mais qu'il n'a rien à attendre d'elle par le travail extérieur. Il ne le voudrait pas, car il serait méprisé par ses amis intimes et d'atelier.

Mais là, le travail est rémunéré suffisamment pour satisfaire aux besoins de la famille. Il n'est pas perçu comme en France par voies indirectes dissimulées, afin que les victimes l'ignorent, la moitié du salaire qui leur est alloué, pour permettre à d'autres plus privilégiés de vivre grassement et faire des fortunes rapides.

Il n'y a pas non plus comme ici, il faut le répéter encore, des privilégiés et des maudits légalement !...

XXXII

Au pays où existe une république effective.

Nous ne nous sommes pas seulement donné
pour tâche de démontrer la mauvaise répartition des charges, et critiquer des institutions
qui permettent d'enlever de la poche de ceux
qui l'ont honnêtement gagné, le peu d'or qui
leur appartient pour rémunération de leur
labeur.

Nous nous proposons de démontrer qu'il
existe des moyens d'arriver à une répartition
honnête et raisonnée, par lesquels le travailleur
économe pourra jouir un peu du produit de
sa peine et espérer sinon la fortune, du moins
une honnête aisance de vivre en travaillant !

Selon que cela existe dans d'autre pays où
l'organisation sociale n'a aucun rapport avec
la nôtre ; quoique ayant le même nom de gouvernement : république. Mais alors là existe
une république effective ayant une adminis-

tration économique à tous les points de vue. Pas de gros traitements, ni de fonctionnaires soliveaux. Pas de trésoriers généraux à deux cent mille francs d'appointements ni de milliers de budgétivores largement rétribués et sans raison d'être sérieuse ! Là aussi pas d'impôts indirects à répercussion. Pas de dette d'État absorbant la fortune nationale et nécessitant une rente annuelle à payer de plus d'*un milliard* sur un budget de quatre milliards qui de fait, payé par les petits contribuables, par plus de *six milliards* ! grâce au bénéfices que prélèvent dessus tous les négociants et industriels suivant que nous l'avons démontré. Ce qui n'empêche pas encore une légion de fonctionnaires spéciaux employés à la perception des dits impôts qui coûtent encore plus de vingt deux pour cent à percevoir, et au total plus de neuf cent millions !...

Toutes ces charges que supporte à peu près seul le travail, expliquent la différence qui existe entre les deux pays.

En France, le travailleur des villes gagne de trois à six francs ! Juste de quoi l'empêcher de mourir de faim, quand il a du travail... La longueur de la journée est de dix à douze heures.

Et aux États de New-York, Chicago et Saint-Louis, il est payé de douze à vingt-cinq francs par jour, la journée est de huit et dix heures (mais plus généralement dix heures).

(Voir les rapports des professeurs envoyés par l'État, aux expositions de Chicago et Saint-Louis.)

Ce qui n'empêche pas les produits de l'industrie de ces États de concurrencer les produits français. Même à Paris, malgré les droits protecteurs !...

Si, en France, nous n'étions complètement absorbés par la politique, nos économistes auraient depuis longtemps, certainement, reconnu que les droits protecteurs, non seulement ne nous sont pas utiles, mais *très nuisibles* à nos intérêts ; ne produisant l'effet que d'un faux mirage, momentané, qui permet au mal de s'aggraver à notre insu. Il est comparable à une digue établie pour arrêter le débordement d'un fleuve dont l'importance s'accroît toujours.

La digue pourra bien rester debout. Mais ce fleuve arrivera toujours à passer dessus et inondera le pays...

Chez nous, c'est le contraire qui se passe, l'étranger arrivera toujours à nous inonder de ses produits, parce que c'est nous qui abaissons la digue par l'élévation continuelle des prix de nos produits, nécessitée par la *mauvaise organisation*. Et la multiplication sans *frein* des charges d'État ; incomparable avec aucun autre pays !...

Continuer d'élever les droits protecteurs, c'est tourner dans un cercle vicieux, duquel nous ne pourrions sortir que par une catastrophe !...

. . . .

Aux États-Unis que nous avons cités l'ouvrier qui se respecte a une existence à peu près bourgeoise. Ne sortant que très proprement vêtu. Et occupe un appartement comme habitation, avec *salon*, où, après la journée terminée ils se reçoivent entre amis, se donnent des soirées, où on fait de la musique, du chant et de la lecture.

En un mot... on vit, en travaillant... Et la femme mariée est là, réellement une femme de foyer !...

Peut-on établir une comparaison de cette existence, avec celle du travailleur français ?... Non certes !... Il n'y a aucun rapport !... L'un a une existence d'homme civilisé. Il vit en famille, et en société. Ce qui élève l'âme et les sentiments ! Répand autour de soi une certaine moralité, qui se gagne de proche en proche et adoucit les mœurs ! En un mot, il vit de la vie sociale !...

Voilà l'existence que nous rêvons pour nos travailleurs !... Mais, est-ce en faisant de la

politique qu'il sera possible d'arriver à ce ré-
rultat?... Non ! Cent fois non !!... Si l'ouvrier
français veut conquérir cette existence envia-
ble ; plus que la fortune mal acquise du
millionnaire ; qui ne lui laisse aucun repos,
poursuivi qu'il est, et le sera toujours ! par
sa passion d'homme cupide ou par le remords
du mal qu'il a fait à son semblable !

Il faut qu'il s'habitue à raisonner d'économie politique, et renoncer à croire au Para-
dis promis par tous les chefs de parti politique qui, eux, n'ont qu'un intérêt, qui est
opposé à celui du travailleur ! Celui de l'exploiter au profit du parti qu'il représente,
qui est aussi leur intérêt propre !...

Et ne pas croire que le travail abaisse la
valeur morale de l'homme ; loin de là !... Le
travail ennoblit, et donne la vraie satisfaction
avec la santé. Et développe l'intelligence, et
des connaissances usuelles ignorées du désœuvré, qui sont les qualités qui constituent
l'homme vraiment supérieur.

Mais pour que le travail soit aimé, il faut
qu'il soit aimable ! C'est-à-dire qu'il faut qu'il
soit limité aux forces de l'individu ; et qu'il
n'ait qu'une durée relative, de manière à utiliser sans efforts surhumains toute la puissance productive de l'homme. Mais non au
point de l'anéantir !

Et qu'il soit suffisamment rémunérateur pour lui donner la facilité de vivre en homme de la société ; et d'y tenir une place digne de son mérite et de son intelligence !... Et que la femme soit sa compagne du foyer et l'éducatrice de ses enfants !...

Voilà le but que nous visons, en publiant ce petit travail, sans prétention autre que celle d'être utile à nos amis de souffrances et misères, en leur communiquant nos réflexions et études d'observateur ; trop heureux si nous parvenons à faire comprendre ce que nous ressentons et voudrions communiquer à tous nos concitoyens.

XXXIII

Projet de réforme des impôts en 1868.

En 1868, le gouvernement de l'Empire voulant sans doute reconquérir la popularité qu'il voyait lui échapper, avait dit qu'il voulait mettre le couronnement à l'édifice ! En proposant aux Chambres d'étudier la revision des impôts en général.

C'était, certainement, un beau projet, dont le gouvernement estimait bien toute l'importance — puisqu'il le nommait le couronnement de l'édifice.

Nous ne surprendrons personne en disant que ce système d'impôt que l Empire voulait modifier était le système actuel, que le gouvernement de la République a conservé bien intact jusqu'à aujourd'hui en le complétant, seulement, de nombreuses charges nouvelles.

Ce système que Napoléon voulait réformer comme mauvais, a été trouvé excellent depuis quarante ans par les républicains qui auraient certainement bien du regret d'être obligés d'y *toucher!*...

Sans doute que nos bons gouvernants seraient tous disposés à dire comme ce député de l'Empire à l'occasion de cette proposition. Et sur un ton un peu chagrin. Pourquoi, Messieurs, je vous le demande?... vouloir changer notre système de perception des impôts?... Ils rentrent très bien comme cela; les contribuables paient sans s'en douter. Et personne ne se plaint, s'il y en a de lésés, ils l'ignorent! Alors, tout est pour le mieux! Laissons, je vous prie, Messieurs, les choses en l'état où elles sont.

La réforme à cette époque aurait certainement été votée telle que nous la voudrions aujourd'hui encore. La proposition venant du gouvernement se trouvait appuyée par des hommes sérieux et de puissants économistes.

Mais les événements se précipitèrent qui en empêchèrent la discussion finale. Ce furent des événements politiques tels que les élections générales et le plébiscite. Puis la guerre allemande.

XXXIV

Un socialiste à la Chambre en 1868.
Son projet de loi.

Grand nombre de projets avaient été déposés sans grand succès, alors qu'un député socialiste, non qualifié de ce titre. Il était peut-être le seul, à la Chambre des députés. Mais c'était un fier socialiste !... Puisqu'il a été probablement le premier, et le seul député industriel, qui a mis son industrie en participation avec ses ouvriers.

Aujourd'hui, il ne serait probablement qu'un affreux réactionnaire, aux yeux de nos Chambres. Le radicalisme et le socialisme qui en forment la plus grande partie sont d'une toute autre qualité !... Pour être socialiste actuellement, il faut savoir le crier très fort dans les réunions publiques ! Et cela suffit... Tandis que, celui auquel nous faisons allusion ne criait pas, mais agissait. Son projet de loi qu'il a

soutenu avec tant de compétence et de zèle,
a bien prouvé pour nous son socialisme admirable !... Dont voici la reproduction en deux
articles :

ARTICLE PREMIER. — *Abolition totale de l'impôt.*

ART. 2. — *Rétablissement de l'impôt, mais
sous une autre forme.*

Et cette forme n'était autre que l'impôt sur
le capital. Et son auteur était M. Laroche-
Joubert, député d'Angoulême. Il avait soutenu
son projet de loi avec tant de talent et de bons
arguments qu'il fut adopté en principe. Et
que pour arriver au résultat final qui était
son adoption, il fut décidé que le cadastre
serait revisé, la confection datant de 1825
étant fortement erronée, au point de vue de
la valeur des terres afin de pouvoir évaluer
la fortune de chacun à peu près exactement.

Nous l'avons dit, les événements qui se succédèrent rapidement empêchèrent de poursuivre ce projet.

Et depuis que nous sommes en république
il n'a plus été question du cadastre.

Cependant, sans même poursuivre le projet
de revision des impôts... il serait bien urgent
de le reviser afin de taxer les terres suivant
leur valeur. Car, suivant que l'a établi d'une
manière si palpable M. Laroche-Joubert lors

de la discussion de son projet de loi. Et que
nous l'avons encore entendu déclarer par
M. Aimont, député de Seine-et-Oise, dans une
réunion où il rendait compte de son mandat
à ses électeurs de Montfermeil. « Il y a urgence
« absolue, disait-il, de reviser le cadastre, qui
« est complètement faux, au point de vue de la
« valeur des terres, il y a des propriétés qui ont
« une très grande valeur, et qui ne sont pas
« imposées. Ces terres étant encore considérées
« comme en friche, et sans aucune valeur cultu-
« rale. Il y a de ce côté, ajoutait-il, une ressource
« sérieuse à exploiter qui est de droit commun
« et dont les sommes produites viendraient en
« aide pour le dégrèvement sur la petite pro-
« priété qui elle est surchargée. »

Ce même député, Aimont, en principe était
aussi d'accord avec nous, puisqu'il déclarait
aussi dans cette réunion ce qui suit.

« Pour moi, disait-il, il n'y a qu'un moyen
« honnête de percevoir l'impôt suivant qu'il est
« légalement dû. Beaucoup sur celui qui pos-
« sède beaucoup. Peu, sur celui qui possède
« peu. Et rien sur celui qui n'a que son travail
« pour vivre ! »

. . . .

Voilà une déclaration digne d'un véritable
socialiste ! Malheureusement M. Aimont, sénateur actuellement, a oublié, très probablement

au lendemain de son élection, toutes les belles promesses qu'il avait faites ; comme c'est l'usage général.

Un autre député, élu aux élections générales de 1906, avait lui aussi, dans une réunion électorale, sur des questions qui lui furent posées par un électeur sur l'inégalité dans la répartition des charges des impôts. Il s'est empressé d'approuver l'électeur et promit de déposer un projet de loi pour la revision. Celui-là, député socialiste, tout naturellement... se nomme M. Groussier. Non seulement il a bien oublié sa promesse à ses électeurs, mais nous croyons même qu'il a oublié, qu'étant ouvrier ciseleur, il vivait avec beaucoup moins de neuf mille francs !

Nous disons qu'il a oublié. Puisqu'il a voté pour s'en allouer quinze mille ! !...

Mais, ses électeurs du X° doivent être heureux et fiers d'avoir un représentant d'un aussi pur socialisme ! sachant aussi bien mettre en pratique ce proverbe qui dit : Charité bien ordonnée commence par soi-même !... Nous sommes même disposé à penser que la plupart des députés commencent ainsi ; et finissent de même.

XXXV

Arguments qui établissent la nécessité de reviser le cadastre.

M. Laroche-Joubert dans ses arguments employés pour justifier sa demande de revision du cadastre disait ceci :

« J'ai été témoin des procédés employés
« pour dresser ce cadastre. Voici ce qui se
« passait, chez tous les grands propriétaires.
« Les employés prévenaient ces messieurs que
« tel jour environ à telle heure, les employés
« chargés de dresser le cadastre se présente-
« raient à leur domicile, afin d'opérer sur la
« propriété les études nécessaires dans le but
« d'établir la valeur des terres en dépendant.
« Alors, ajoute M. Laroche-Joubert, ordre
« était donné par le propriétaire de préparer
« un bon déjeuner pour messieurs les ingé-
« nieurs du cadastre.
« De sorte qu'à leur arrivée ils trouvaient

« la table servie, il n'y avait plus qu'à s'y
« asseoir ! Il n'y avait pas moyen de refuser
« une invitation faite aussi simplement et si
« naturellement !

« Après le déjeuner, messieurs, ajoutait le
« propriétaire, nous aurons tout le temps
« nécessaire pour faire le travail.

« Mais, le déjeuner se prolongeait bien
« avant dans la journée ; et les bons vins
« n'avaient pas fait défaut, pas plus que les
« liqueurs de marque, finalement, de libations
« en libations la journée était à peu près
« passée. Et puis les têtes n'étaient guère
« au travail, de sorte que pour en terminer,
« c'était sur le bout de cette même table que
« se dressait le cadastre sur la déclaration du
« propriétaire et de son régisseur, en ce qui
« concernait la qualité des terres. »

Voilà pourquoi les petits propriétaires sont
très grevés d'impôt. Tandis que les grands
en sont exemptés.

XXXVI

Les idées de M. Menier père.

Depuis cette époque, une seule voix s'est élevée pour réclamer, non seulement la revision du cadastre, mais la revision des impôts en général. Voix puissante au point de vue de la compétence, et surtout de la bonne volonté, c'est celle de M. Menier père, fabricant de chocolat.

Malheureusement son fils, M. Gaston Menier, qui le remplace à la Chambre, ne partage pas les idées de son vénérable père, car il aurait pu nous être d'un grand secours dans la tâche que nous entreprenons, qu'il a approuvée verbalement, mais en ajournant aux calendes grecques pour l'exécution.

En dix huit cent soixante-onze, M. Menier, alors conseiller général, ayant été nommé membre de diverses commissions chargées d'apprécier les dommages causés par l'inva-

sion des armées allemandes, publia une petite
brochure bien intéressante à ce sujet, où il
montre en bon socialiste les devoirs de chacun
de ses membres dans une vaste société comme
la société française à l'égard des sinistrés de
la guerre dont voici ci-dessous un passage :

« Il y a pour moi une injustice si flagrante,
« écrit-il, à voir l'un de mes voisins ruiné par
« la guerre, tandis que dix autres plus chanceux
« n'ont été que peu ou point lésés, à voir un
« département converti en champ de bataille,
« dévasté et couvert de ruines, tandis que
« soixante autres n'ont rien souffert, que j'ai été
« amené à me demander que signifient donc les
« mots société, nation, État? Qu'est-ce donc
« que le pacte social, si le particulier doit être
« victime des fautes de guerre, qui incombent
« à toute une nation ! »

Puis plus loin il dit encore :

« Les mesures fiscales auxquelles on a recours
« sont le péché originel des monarchies, qui
« avaient besoin de déguiser les prélèvements
« qu'elles faisaient sur les peuples, dans un
« intérêt qui n'était pas exclusivement celui
« du public.

« De là ces impôts indirects multiples pré-
« levés sur les produits avant que le consom-
« mateur en fût nanti. Certes, si de telles me-
« sures ne devaient pas *ruiner le pays*, je sou-

« haiterais presque qu'on multipliât encore
« ces sortes d'impôts, car l'exagération amène-
« rait avec elle la démonstration de *l'absurdité*
« *du système*. »

Le souhait, à demi formulé par M. Menier
dans ce dernier article, est bien réalisé actuellement par toutes les créations d'impôts indirects ajoutés à ce beau système sur le pain,
sur la viande, sur les allumettes, timbres à
quittances, sur le sucre, sur les boissons, sur
les huiles, sur le pétrole et enfin sur tout !
puis encore plusieurs fois répétés par les
octrois.

Malgré cela, on semble ne s'apercevoir
encore de rien, quoique les conséquences en
soient bien apparentes : diminution rapide de
notre exportation, marine marchande expi-
rante, gêne terrible par la concurrence à l'intérieur, manque de travail général.

Et les budgets d'État de plus en plus en
déficit quoique bien travaillés pour dissimuler
ce déficit. A la recherche toujours de nouveaux impôts : l'impôt sur le revenu, que
l'on travaille pour le faire accepter, sur lequel se livre une lutte acharnée ; chacun sent
que c'est un impôt nouveau, de superposi-
tion, et non de remplacement. Et d'autre
part, le gouvernement qui, depuis si longtemps, promet au prolétariat cet impôt sur

le revenu comme devant grever seulement le riche. L'ouvrier, lui, entend par revenu celui qui a des rentes. Comme lui n'en a pas, il se croit à l'abri des conséquences de ce nouvel impôt, mais il se trompe fortement.

Le ministre des Finances l'a avoué carrément. C'est la classe moyenne, a-t-il dit, que vise mon impôt sur le revenu. Alors la classe moyenne, c'est la classe travailleuse et c'est de ce noyau que dépend l'ouvrier, donc il est certain que si cet impôt est voté définitivement ce sont les véritables travailleurs qui en recevront le contre-coup !

Le gouvernement leur aura donné satisfaction, mais par les procédés en usage depuis longtemps, en leur dorant la pilule, pour qu'ils l'acceptent plus joyeusement.

Et la roue tourne toujours ! Le mal s'aggrave de plus en plus. La banqueroute s'avance chaque jour de plus en plus inévitable, si on ne s'empresse d'aviser au moyen de l'entraver dans sa marche.

XXXVII

L'impôt sur le capital.

Il n'existe qu'un moyen simple, mais radical, qui consiste à faire table rase de tout le vieux système des monarchies : adopter le projet de loi de MM. Laroche-Joubert et Menier, qui est l'impôt sur le capital.

Et afin de réaliser l'idée de M. Aimont, député gouvernemental, qui consiste comme il l'a dit à Montfermeil à faire payer beaucoup à celui qui possède beaucoup ! Peu à celui qui possède peu. Et rien à celui qui n'a que son travail pour *vivre* !

Hors de ce système, il n'y a rien d'équitable !

La multiplicité des impôts a encore cet inconvénient déjà signalé, d'occasionner des frais de perception exorbitants ; qui s'ajoutent encore aux charges, sans profit pour personne,

Imposer le travail par voie directe ou indirecte, soit en frappant la matière première et la consommation, c'est obstruer la source même de la richesse.

Imposer le capital réel, ce n'est que prélever une prime qui en assure la libre et tranquille jouissance, et en même temps le fructueux emploi. Car il ne faut pas oublier que le travail seul le féconde.

Nous ne sommes pas partisan de l'impôt sur le revenu; nous l'avons déjà dit, sous toutes les formes, en tant que revenu. Si vous l'imposez il se cachera, se dérobera de toutes les manières, pour le saisir il faudra que le fisc prenne des mesures inquisitoriales, vexatoires, coûteuses. L'État et l'individu perdront l'un et l'autre de leur dignité à ce jeu de cache-cache et de surprises.

Inutile de modifier pour retomber dans le système de fraude si largement pratiqué aujourd'hui, avec les impôts indirects, douane, octrois, et régie.

L'Angleterre, l'Allemagne, la Hollande, et une partie des États-Unis d'Amérique nous ont devancé dans les améliorations fiscales, mais ils sont loin d'avoir atteint la perfection qu'ils nous servent d'émules plutôt que de modèles.

Nous rejetons encore l'impôt sur le revenu surtout parce qu'il atteint le travail, et empêche ainsi, absolument comme les impôts multiples que nous condamnons, l'accroissement du bien-être, quoique dans de bien moins grandes proportions, et par conséquent le développement de la richesse publique.

D'après une statistique d'un économiste bien noté, publiée il y a quelques années, la fortune de la France s'élève à trois cent quatre milliards de francs.

Et ce total est encore beaucoup au-dessous de la vérité certainement. Pour la raison, que la plus grande partie des terres sont cotées comme sans valeur, et qu'il existe des fortunes immenses représentées par des antiquités de grande valeur !... et des musées privés complets, dans lesquels sont renfermées des unités, soit peintures ou sculptures, qui représentent ou ont été payées plusieurs centaines de mille francs. A preuve le tableau de Millet payé sept cent cinquante mille francs.

XXXVIII

Un budget républicain.

Mais si, s'en rapportant seulement à cette évaluation, et que, suivant le projet de M. Menier, on taxait la fortune à 1 p. 100, un pour cent seulement, on trouverait déjà rien que de ce fait trois milliards quatre cents millions.

Voilà donc déjà le budget presque bouclé rien que par cet impôt direct.

Mais au point où nous en sommes il ne s'agit plus d'un budget servant à l'entretien de la marine, des fonctionnaires et autres services que l'on connaît qui est le budget d'une monarchie !

Aujourd'hui, il nous faut un budget républicain, c'est-à-dire un budget de grande famille ou société, auquel tous les membres doivent participer dans la mesure de leurs forces ; sans employer des moyens tortueux et dissimulés comme aujourd'hui. Il faut que chacun des membres de l'association sache clairement la charge qui lui incombe, et qu'il la supporte sans tergiverser comme un engagement qu'il est heureux de remplir. Sachant aussi que ce versement qu'il fait pour sa quote-part, sera employé sans dilapidation possible, et au bien-être et à l'entretien de la sécurité de la société de laquelle il fait partie.

Mais en échange de ces versements consentis de bonne foi, il faut qu'il ait aussi la certitude d'être à l'abri de toutes les vicissitudes de la vie suivant qu'il est exposé, en raison de son travail, moral ou manuel, le tout s'exécutant dans l'intérêt et au profit de la société.

Il faut qu'il en soit des travailleurs à tous les degrés, de même que des soldats en service ; s'il donne son temps et sa peine en échange d'un modeste salaire, il faut qu'il soit certain que s'il succombe, sa famille propre, qui se compose de sa femme et ses enfants auront le nécessaire *assuré*, et qu'il en sera de même en cas de maladie ou blessure pour lui et les siens.

Le travailleur étant un soldat de la patrie au même titre que celui qui a pour profession de porter les armes et défendre nos frontières et nos colonies...

Sans le soldat travailleur, il n'y aurait pas plus d'armée spéciale pour garder le sol national, qu'il n'y aurait de riches et rentiers; si la fortune n'était pas fécondée par le travail, elle n'existerait pas et disparaîtrait d'elle-même.

Alors, chacun des pionniers de la grande famille a donc droit aux mêmes égards, protection et faveur suivant la situation intellectuelle qu'il a occupée, et des services rendus à la mutualité. Il n'existe pas, il ne peut exister d'employés ou fonctionnaires d'État. L'État n'étant dans une république, que le représentant du père de famille ! Il ne doit pas avoir de fils préférés et privilégiés ! A quel titre ceux que nous nommons employés ou fonctionnaires, ayant déjà été très favorisés par l'emploi, auraient-ils droit à un traitement de faveur exceptionnel pour leur vieillesse ? Plus que ceux qui se sont usés à un travail mercenaire peu rétribué, au profit de la société ?...

Ce serait de l'injustice flagrante, contre laquelle tout homme raisonnable doit se révolter, et appeler l'attention de tous ses concitoyens !...

Partant de ce principe équitable, il faut que le budget d'état ou social soit établi de manière à assurer à tous ses membres participants, la sécurité complète pour tous les cas soit maladie, accidents des personnes et des

biens. Soit pour les biens : gelée, grêle, incen-
die, inondations, faits d'émeute ou de guerre
civile et étrangère, épidémie, etc., et rente
viagère pour la vieillesse, ou incapacité de
travailler, par quel motif que ce soit. Tous
ses membres devant être tributaires les uns
pour les autres comme dans toute mutualité
bien administrée.

Dans le projet que nous faisons nous n'inno-
vons absolument rien ! Nous ne faisons que
suivre les lois naturelles et humanitaires
auxquelles un peuple civilisé ne peut se déro-
ber sans trahir les lois de l'humanité. Comme
nous ne sacrifions aucun membre de la société,
quand il est dans l'incapacité de produire ou
travailler, il tombe toujours à la charge de la
société, qui lui donne le moyen d'exister. Ses
charges en sont les mêmes...

Mais au lieu que ce soit par l'aumône qui
avilit et presque toujours fait souffrir celui
qui la reçoit. Et qu'il ne doit pas y avoir lieu
d'humilier des membres qui se sont usés au
travail, pour la société ; et que, actuellement
il y a des faveurs pour ceux qui sont protégés
par les puissants, tandis que les autres sont
obligés de souffrir et attendre longtemps...

Nous voulons que ce soit le droit pour
tous.

. . . .

Tous les cas étant prévus, et le budget établi en conséquence, chaque individu y contribuant pécuniairement dans la mesure de ses moyens, comme il contribue, par son travail et son intelligence, à la fortune de la mutualité, à sa grandeur au point de vue des arts et sciences, de même qu'il a toujours été prêt à sacrifier sa vie pour la défense du sol national...

Nous demandons, comme MM. Menier et Laroche-Joubert, qu'il soit voté des lois en conséquence afin d'arriver à ce résultat par la suppression de tous les impôts existant actuellement. Puis rétablissement sous une autre forme, mais comportant suppression de tous les impôts indirects de quelque nature qu'ils soient, pour les raisons que nous avons exposées autre part.

Dont nous formons une proposition établie sur les bases suivantes :

Budget recettes.

Impôt sur l'avoir général formant capital.	3.400 millions
Prime d'assurance à 50 francs par sujet âgé de plus de 20 ans	1.000 —

Taxe sur les loyers à 10 p. 100 au-dessus de 500 francs pour la ville et banlieue de Paris, et à 300 francs pour les autres . . . . 1.349 millions

Postes, télégraphes et téléphones. . . . . 337 —

Enregistrement, domaines et forêts . . . . 771 — 540

6.857 millions 540

Budget dépenses.

Budget actuel . . . . 3.800 millions

Retraite aux travailleurs à 60 ans . . . . 1.208 —

Remboursement de la dette publique . . . . 500 —

Assurances diverses. . . . 810 —

Indemnité aux travailleurs pour maladie et accidents divers . . . . 340 —

Épidémies et imprévu . . . 120 —

Total . . . 6.778 millions

Économie de frais de perception . . . . 443 —

Net . . . 6.335 millions

Ce budget total de six milliards peut pa-

raître à première vue supérieur à celui actuel
comme charge publique. Mais il est en résumé
très inférieur, nous l'affirmons ! Et nous en
avons donné la preuve par l'explication du
mode de perception indirect, qui le fait se
multiplier en passant par toutes les mains des
commerçants et industriels qui prélèvent dessus des bénéfices commerciaux, et qui, eux,
grâce à ce moyen, ne paient point d'impôts
directs. Au contraire !...

Avec la mise en pratique de ce système loyal
d'égalité, le fardeau se trouvera allégé de la
quote-part de tous ceux qui en sont exonérés
par ce système de cache-cache, de fraude plus
ou moins légale ; dont la charge retombe
toujours sur le consommateur et sur ceux qui
n'ont aucun moyen de l'éviter.

Le riche qui peut paraître être augmenté
ne l'est pas non plus en réalité. Aujourd'hui
il ignore certainement toutes les charges qui
lui incombent. Il n'aurait plus à supporter
tous ces impôts multiples qu'il acquitte par
des moyens tortueux presque insaisissables,
sur les objets de consommation, droits de
mutation et de succession sur les chevaux
et voitures, valeurs mobiliaires, etc. Et des
dons obligatoires ou volontaires pour les
pauvres. Puis, disparaîtrait aussi cet autre
moyen d'exploitation qui va toujours en aug-

mentant, sous le prétexte de venir en aide au malheur, mais qui fait tant de victimes de la crédulité, surtout chez les nécessiteux, d'autant plus facilement qu'ils ont toujours un pressant besoin d'espérer en une chance bien fugitive... qui les sortirait de leur misère ! Nous voulons parler des *loteries*.

Et nous trouvons aussi qu'il est immoral d'implorer la charité publique par l'appât de gains aussi fabuleux ! Et de réclames que nous qualifions de scandaleuses !...

Et qui ont pour but surtout, et avant tout ! de faire vivre grassement, et enrichir quantités de gens souvent peu intéressants.

Et le riche y gagnerait encore un placement plus fructueux dans l'emploi de ses capitaux. Vu que l'industrie et le commerce, étant dégagés de leurs charges et entraves, prendraient un nouvel essor, inconnu jusqu'à présent.

Et nous reprendrions notre place par nos produits à l'étranger, dont les prix de revient seraient abaissés de toutes ces charges qui les frappent ; et tant de fois répétées !

La confiance et la sécurité aussi auraient leur part de bénéfices à cette modification qui permettrait d'éteindre la dette publique au lieu de l'augmenter continuellement. A toute chose il faut une fin. Tout négociant qui em-

prunte toujours, va fatalement à la banqueroute, quel que soit son crédit !...

L'ouvrier étant déchargé de toute la masse
des impôts de consommation reprendrait aussi
courage et confiance. Ayant comme aux États-
Unis d'Amérique une vie supportable se re-
lèverait moralement, se sentant faire partie
d'une véritable société dans laquelle il tien-
drait une place d'homme, suivant sont mérite ! Et assuré par la mutualité, à laquelle il
serait intéressé, d'une vieillesse heureuse et
tranquille.

La concorde et l'aménité renaîtraient aussi
dans les familles n'étant plus sous l'obsession
de la crainte d'en augmenter le nombre. Et
les grands-parents, quoi qu'il arrive, ne pouvant plus retomber à la charge des enfants...

Ils ne rêveraient plus, non plus, de révolutions préjudiciables aux intérêts de tous !

Le patriotisme aussi aurait sa large part
dans cette rénovation et reprendrait vivement
sa place en remontant au degré qu'il en était
en 1792, qui n'a jamais eu d'équivalent dans
l'univers entier.

En un mot, ce système créerait la liberté et
l'égalité devant les charges, la sympathie, la
concorde renaîtraient entre les classes diverses. Le travailleur, moins aigri par la souffrance
matérielle et morale, serait plus convenable vis·

à-vis des autres, cesserait d'envier celui qu'il reconnaîtrait être pour lui un auxiliaire utile, et même indispensable ! Au lieu de le considérer comme un ennemi...

Enfin ! une ère nouvelle sortirait de cette modification à l'avantage de *tous*.

XXXIX

Tableau comparatif du prix des vivres
et du gain des travailleurs en 1855 et 1911.

On croit généralement que le salaire des ouvriers a suivi la progression de l'augmentation des objets indispensables à l'alimentation. Nous connaissons même des chefs du parti socialiste (députés) qui ont écrit des ouvrages affirmant que telle était la loi économique que l'un entraînait toujours l'augmentation de l'autre.

Voici un petit tableau comparatif qui prouve qu'il n'en est pas ainsi ; et que les travailleurs sont bien plus malheureux qu'il y a soixante ans ! !...

Surtout encore si l'on tient compte des nécessités actuelles de la vie, ajoutées à l'augmentation du prix des loyers des habitations qui ont plus que doublé depuis ce temps.

Pour établir ce calcul de rapprochement de l'époque que nous citons (1855) avec le temps actuel, nous croyons devoir prendre le Centre de la France. Les petites villes semi-agricoles et industrielles, où de faibles modifications ont été apportées, tant comme population que comme industrie. Les industries étaient et sont encore la tannerie, parcheminerie, la mégisserie et des petites fabriques de drap (qui n'existent plus) et comme partout, des ouvriers du bâtiment et meubles. La journée, à cette époque, se payait au maximum 1 fr. 75, aujourd'hui elle est de 3 francs, l'augmentation est donc de 41 et demi p. 100, et sur les principaux articles d'alimentation elle est de *cinquante-cinq pour cent.* Donc de *quatorze pour cent* supérieure à l'augmentation du salaire.

Ci-dessous le tableau absolument exact des prix des objets d'alimentation les plus notables de 1848 à 1855, année de la première Exposition internationale de Paris, qui a été le début de cette augmentation formidable!!...

Prix maximum jusqu'à 1855.

Le pain.	le kgr.	0 fr. 25
Viande de boucherie : bœuf.	—	0 fr. 90
— — veau .	—	1 fr. 00
— — porc .	—	0 fr. 80

Poulets, la paire, au marché,
de juillet à fin octobre . . . . . 1 fr. 50
De novembre. . . . . 2 fr. 50
Beurre . . . . le kgr. 1 fr. 40
Œufs. . . . . la douz. 0 fr. 55
Haricots. . . . . le décal. 1 fr. 20
Pommes de terre . . . . . . — 0 fr. 20

8 fr. 40

Prix actuel.

Pain . . . . le kgr. 0 fr. 40
Bœuf . . . . — 2 fr. 10
Veau . . . . — 2 fr. 30
Porc. . . . . — 1 fr. 90
Poulets, la paire, de juillet. . — ? fr. 00
De novembre. . . . . — 5 fr. 00
Beurre . . . . le kgr. 2 fr. 50
Œufs . . . . la douz. 1 fr. 10
Haricots . . . . le décal. 3 fr. 00
Pommes de terre . . . . . — 0 fr. 75

18 fr. 05

Il est bon de dire encore que les ouvriers,
presque en général, quittaient le travail d'atelier à partir du 1er juillet, pour aller faire la
moisson, qui durait généralement jusqu'au
1er septembre. Pendant ce temps les ouvriers
gagnaient de deux à trois francs par journée
de travail et nourris. Durant cette période,

14

tous économisaient de quoi payer leur loyer de l'année, qui était payable en une seule fois, à la Saint-Jean. Mais l'usage établi était que le paiement ne se faisait qu'après la moisson. Aujourd'hui, cela n'existe plus; toutes les grandes et moyennes exploitations agricoles emploient les moyens mécaniques.

Aussi dans ce temps-là, le salaire du père de famille, quoique en apparence, aujourd'hui, très modique, était suffisant pour nourrir la famille. La femme n'avait qu'à s'occuper des soins du ménage; et, si elle travaillait pour le dehors, ce n'était qu'à son temps perdu, et à son domicile.

Un tout petit nombre travaillaient en atelier. C'étaient des trieuses de laine chez les blanchisseurs, mais périodiquement. Et les épinceteuses dans les fabriques de drap; elles étaient payées 60 et 75 centimes par jour.

En dehors des prix que nous avons donnés des articles d'alimentation, comme maximum, il y avait des périodes à peu près régulières où les prix étaient bien plus bas.

Les œufs, par exemple, du 15 mars à fin avril environ, se vendaient *trente centimes* la douzaine, et le beurre, de mai à juillet, se vendait de *un franc* à 1 fr. 20 le kilo. De même pour le porc que nous avons vu vendre sur le marché en octobre, novembre et décembre (et cela bien des années). Les parties maigres telles que le jambon à 0 fr. 50 et 0 fr. 60 le kilo. Et les bas morceaux tels que la tête et autres à 0 fr. 30 le kilo.

Les marrons premier choix se vendaient 0 fr. 90 à 1 fr. 10 le décalitre. Et tout était à l'avenant!...

Qu'on ose nous dire après cela... et surtout qu'on nous le prouve!... que les travailleurs, suivant qu'on le dit souvent, ont plus de bien-être qu'autrefois!!...

. . . .

LX

Épilogue.

Au moment où nous terminons ce travail on a pu lire dans le *Journal officiel* du 16 mai la déclaration suivante, qui n'est rien moins que navrante !...

Pendant le mois dernier le montant de nos échanges commerciaux a fléchi de cent six millions.

Et remontant au 1er janvier, la baisse pour les quatre premiers mois de l'année est de deux cent trente-trois millions et demi.

Et chose plus grave encore ! Notre industrie se trouve fortement atteinte de ce fait. Puisque nous avons vendu en moins pour la somme de *cent neuf millions* d'objets fabriqués.

Et que nous avons acheté pour soixante-treize millions de matière première en moins. Et que, au contraire, nous avons acheté pour vingt-cinq millions et demi de plus d'objets fabriqués.

Alors, voilà donc déjà démontré matériellement, par des résultats indiscutables, ce que
nous avons prédit. Les produits de l'étranger
vont rentrer chez nous, de plus en plus,
malgré les droits protecteurs.

Et nos ouvriers vont de ce fait se trouver
sans travail.

Et avec ce résultat on peut affirmer que la
révolution que nous pressentons, et qui nous
fait jeter ce cri d'alarme, amenée forcément
par cet état de choses, et créée par la mauvaise
administration de la poudre jetée aux yeux,
s'approche à grands pas !...

Nous en profiterons pour faire appel encore
une fois à tous nos compatriotes et bons
Français, d'y réfléchir. et agir sans retard.
Afin de prévenir ce terrible cataclysme qui
nous menace.

Nous ajouterons encore, que voilà cent
vingt ans que la grande révolution d'économie
politique a eu lieu, mouvement sur lequel
s'appuyent toujours les meneurs politiques
de tous les partis. Et semblent ignorer que
toutes traces de ce grand progrès acquis au
point de vue le plus intéressant sont effacées
depuis Napoléon 1er.

Et que c'est véritablement merveille que
nous ayons pu lutter jusqu'à ce jour contre
toutes les nations de l'Europe ! et même de

l'Univers, qui, elles toutes, ont profité de ces
grandes *idées* de progrès et d'égalité procla-
mées et établies un moment par la France.
Mais sans rétrograder comme cela a eu lieu
chez nous.

Mais le résultat est fortune immense pour
quelques-uns au profit de qui a été fait ce
revirement !

Misère profonde chez les travailleurs.

Dette d'État énorme ! Dépopulation et dé-
moralisation générale.

Voilà le bilan produit par ce système in-
venté par la monarchie, dont notre gouvernement, dit de république, a amplifié par tous
les moyens imaginables ! ! Et se propose de
continuer tant que les intéressés qui sont
l'immense majorité n'ouvriront pas les yeux,
et n'imposeront pas leur volonté à cette
légion de politiciens qui nous conduisent à
une ruine *fatale.*

TABLE DES MATIÈRES

2957. — Tours, imp. E. ARRAULT et Cⁱᵉ.

www.ingramcontent.com/pod-product-compliance
Lightning Source LLC
Chambersburg PA
CBHW070504200326
41519CB00013B/2705